ADAC
Reiseführer

Däne k

von Alexander ens

Intro

Unterwegs

Bornholm – Perle der Ostsee 55

Fünen – Märcheninsel mit prächtigem Segelrevier 67

Süd- und Mitteljütland – Land zwischen Nord- und Ostsee 81

Nordjütland – Nordseestrand und Waldeinsamkeit 109

Dänemark Kaleidoskop

Karten und Pläne

Service

Dänemark aktuell A bis Z 125

Sprachführer 136

Register 141

Leserforum

Die Meinung unserer Leserinnen und Leser ist wichtig, daher freuen wir uns von Ihnen zu hören. Wenn Ihnen dieser Reiseführer gefällt, wenn Sie Hinweise zu den Inhalten haben – Ergänzungs- und Verbesserungsvorschläge, Tipps und Korrekturen – dann kontaktieren Sie uns bitte:

Redaktion ADAC Reiseführer
ADAC Verlag GmbH
Am Westpark 8, 81365 München
Tel. 089/76 76 41 59
verlag@adac.de
www.adac.de/reisefuehrer

Dänemark Impressionen

Meeresstrand und Königsland im hohen Norden

Auf ans Meer! In Dänemark kein Problem bei einer 7400 km langen Küstenlinie, deren endlos wirkende Strände entlang der Nord- und der Ostsee im Sommer zu

Wasserspaß und **Sonnenbaden** einladen. Das Hinterland mit idyllischen Dörfern und gemütlichen Landgasthäusern, den sog. Kros, mit Feldern und Wäldern, scheint wie geschaffen für **Fahrradtouren** und **Wanderungen**.

Ganz im Osten, auf der Insel *Seeland* am Ufer des *Øresund*, erheben sich die Türme von **Kopenhagen**, der traditionsreichen, lebensfrohen Hauptstadt des Landes. Ihre Museen, das historische Stadtbild mit den königlichen Schlössern, aber auch die berühmte Shoppingmeile *Strøget* sowie originelle Kneipen und Musikklubs sind mehr als eine Reise wert.

Dänemark, Deutschlands nördlicher Nachbar, ist ein überschaubares **Königreich** mit 5,5 Mio. Einwohnern, die überwiegend der lutherischen *Folkekirke* angehören. Die gesamte Landfläche Dänemarks umfasst gut 43 000 km^2, das ist etwas weniger als das deutsche Bundesland Niedersachsen. Den größten Teil macht die lang gezogene, grüne Halbinsel **Jütland** aus, die sich von der Grenze zu Schleswig-Holstein 310 km bis nach *Grenen* im Norden erstreckt, sowie die beiden mittlerweile durch Brücken verbundenen Inseln **Fünen** und **Seeland**. Dazu kommen etwa 400 weitere Eilande, von denen rund ein Viertel bewohnt ist. Eine Sonderstellung nimmt die Ostseeinsel **Bornholm** ein, die etwa 150 km östlich von Kopenhagen, doch nur knapp 40 km südlich der schwedischen Küste liegt.

Island-Hopping auf Dänisch

Seit Ende des 20. Jh. verbinden zahlreiche, teils kühn geschwungene Brücken viele der dänischen Inseln miteinander. Nach der 1998 erfolgten Eröffnung der gut 12 km langen *Storebælt Brø*, einer Brücke über den **Großen Belt**, sowie der am 1. Juli 2000 eingeweihten, 16 km langen Tunnel-Brücken-Konstruktion über den **Øresund** können Autos und Züge

Oben: *Abendlicher Lichterglanz im Tivoli von Kopenhagen*
Rechts oben: *Ehrenwache vor Schloss Amalienborg, dem Wohnsitz der Königin*
Rechts unten: *Hafen von Rønne auf der Insel Bornholm*

von Deutschland oder *Jütland* aus über *Fünen* und *Seeland* Kopenhagen erreichen und sogar bis nach Schweden weiterfahren, ohne ein einziges Mal eine Fähre zu benötigen. Auch viele andere dänische Inseln sind trockenen Fußes zu erreichen, von **Møn**, **Lolland** und **Langeland** im Osten bis zum nordfriesischen **Rømø** vor der Westküste. Lediglich **Bornholms** Küsten müssen Besucher weiterhin mit der Fähre ansteuern.

Wellentäler und Bergeshöhen

In den dänischen Häfen liegen im Sommer viele Hundert Boote einheimischer sowie vor allem schwedischer und deutscher **Freizeitkapitäne**. Daneben demonstrieren gedrungene Fischkutter, auf deren Decks sich Reusen und Netze türmen, dass Nord- und Ostsee auch Arbeitsplätze sind. Etwa 10 000 **Seeleute** fahren mit etwas mehr als 3000 Schiffen jeden Tag zum Fisch- und Krabbenfang aufs Meer. In fast allen Häfen erfreuen kleine Fischgeschäfte Urlauber und Einheimische mit frischen Meeresfrüchten.

Dänemark kennt keine steilen Gipfel oder tiefen Schluchten. Der **Møllehøj** bei Skanderborg in Mitteljütland kann mit einer Höhe von 171 m bereits den Titel als höchster Berg des Landes beanspruchen.

Jütland und die Inselwelt bis zum schwedischen Festland sind vor allem durch die Gletscher der Eiszeiten geformt, die das Land auf einem Untergrund von Kreidegestein vor mehr als 10 000 Jahren zeitweise mehrere Hundert Meter hoch bedeckten. Eine fast bis an die Nordspitze durchgehende **Strandzone** mit Dünen entlang der Westküste Jütlands, eine fruchtbare Landschaft mit Flüssen, **Feldern** und **Wäldern**, Seen und Meeresbuchten im Osten bilden den beschaulichen Rahmen für oft malerische Dörfer, Städte und Häfen. Der *Limfjord*, eine stark

zerklüftete **Wasserstraße**, die sich zuweilen seenartig verbreitert, zieht sich von *Thyborøn* an der Nordsee bis *Hals* an der *Aalborg Bucht* quer durch den Norden Jütlands.

Im Südosten der Inseln *Møn* und *Falster* tritt dagegen das **Kreidegestein** als dekorative, bis über 100 m hohe Steilküste an die Oberfläche. Allein *Bornholm* unterscheidet sich durch seinen Untergrund aus **Granit** geologisch vom Rest des Landes.

Moderne Monarchie

Mit **Königin Margrethe II.** repräsentiert eine überaus populäre Monarchin den wohl geordneten dänischen Staat. Die Linie des Königshauses lässt sich mehr als 1000 Jahre zurückverfolgen, ein einmaliges Beispiel für stabile Herrschaftsverhältnisse in Europa. Auch wenn das Land seit 30 Jahren der **Europäischen Union** angehört, reagieren viele Dänen empfindlich auf vermeintliche oder tatsächliche Einschränkungen ihrer Souveränität. Bislang hat sich das dänische Volk in Abstimmungen gegen die Ablösung der dänischen Krone durch den Euro ausgesprochen.

Familienurlaub an Dänemarks Küsten

Die herrlichen, weiten **Sandstrände** entlang der dänischen Küsten gehören für viele Besucher zu den wichtigsten Beweggründen, die Ferien im südlichsten Land Skandinaviens zu verbringen. Fast die Hälfte der Einnahmen aus dem Fremdenverkehr geht auf deutsche Familien zurück, die einige Urlaubswochen im kinderfreundlichen Dänemark verbringen, meist in gemütlichen Ferienhäuschen oder auch auf properen Campingplätzen.

Die **Sommersaison** reicht von Mai bis September, dann haben alle Restaurants, Sehenswürdigkeiten, Museen und Ver-

Oben (v.l.n.r.): *Blondschopf in traditioneller Tracht, Drachenboot in Faaborg, süffiges Bier an jeder Straßenecke und die Kleine Meerjungfrau in Kopenhagen*
Rechts: *Platz ist in der kleinsten Hütte, auch in diesem reizenden Ferienhäuschen bei Ærøskøbing*

gnügungsparks geöffnet. Im Juli und August treffen sich Sonnenhungrige und Badende an kilometerlangen Stränden, an denen kaum ein Gefühl der Enge aufkommt. **Wasser-** und **Strandsport**, neben dem Schwimmen vor allem Segeln und Windsurfen, Kanu- und Fahrradfahren, aber auch Angeln oder Golfen gehören zu den beliebtesten **Urlaubsaktivitäten**.

In stürmischen Herbst- und ungemütlichen Wintermonaten kann vor allem entlang der Westküste, an der sich die Wellen der Nordsee brechen, der Wind mitunter recht heftig über die Dünen heulen. Doch auch in den beiden Wochen um die **Jahreswende**, zwischen Weihnachten und Neujahr, sind die winterfesten Häuser in den Dünen voll belegt, denn in Dänemark gibt es kein schlechtes Wetter, nur falsche Kleidung. Für viele Besucher gibt es nichts Schöneres als Spaziergänge über den winterlichen Strand mit anschließendem *Saunagang* im Ferienhaus und einem gemütlichen Abend vor dem knisternden Kamin – einfach gemütlich, *hyggelig*, wie man in Dänemark sagt.

Oben: *Mittelalterliche Fresken schmücken die Fanefjord Kirke auf der Insel Møn*
Unten: *Im Wikingermuseum von Roskilde werden noch heute Drachenschiffe gebaut*
Rechts oben: *Nicht auf der deutschen Insel Rügen, sondern an der Küste von Møn erheben sich diese Kreidefelsen*
Rechts unten: *Dänische Gastlichkeit im Hotel Dagmar in Ribe*

Entspannung pur – mit Kultur in der Natur

Wer ein Urlaubsziel zum **Entspannen** und **Erholen** sucht, ist in Dänemark bestens aufgehoben. Wer überdies gern interessante Museen und Galerien besucht, findet selbst in kleineren Städten Ausstellungen von erstaunlichem Niveau. Schon die Wikinger wussten Kunst zu schätzen, wie Exponate in zahlreichen **Wikingermuseen**, etwa in Roskilde, Ribe oder Vejle, mit Silberschmuck, fein verzierten Schwertgriffen oder gemeißelten Bildsteinen belegen. Auch die Kunst der Renaissance hat mit Schlossanlagen wie **Frederiksborg** bei Hillerød oder der Wasserburg **Egeskov** auf Fünen eindrucksvolle Zeugnisse hinterlassen.

Dichter und **Denker** bescherten Dänemark in der ersten Hälfte des 19. Jh. ein *Guldalder*, ein ›Goldenes Zeitalter‹, das Landschaften und Gesellschaftsverhältnisse kunstvoll romantisch verklärte. Damals wandelten z. B. der Religionsphilosoph *Søren Kierkegaard* und der Schriftsteller *Hans Christian Andersen* durch Kopenhagens Gassen. Um die Wende zum 20. Jh. gewannen **Maler** wie Anna und Michael Ancher oder Peder Severin Krøyer an Einfluss, die im nördlichen Licht der Künstlerkolonie von *Skagen* unter freiem Himmel arbeiteten und auch das harte Leben der Fischer porträtierten.

In den letzten Jahrzehnten machten sich vor allem dänische **Designer** und **Architekten** international einen Namen. Zu ihren klassischen Entwürfen gehören so unterschiedliche Werke wie das Opernhaus in Sydney von *Jørn Utzon* mit seinen ineinander greifenden Schalen oder die funktionellen Lampen und Stühle des Gestalters *Arne Jacobsen*. Zum bekanntesten lebenden Künstler des Landes avancierte innerhalb weniger Jahre der **Filmemacher** *Lars von Trier* mit seinen frühen, puristischen ›Dogma-Filmen‹. Überhaupt gehört der neuere dänische Film mit **Regisseuren** wie *Bille August*, *Søren Krag-Jacobsen* oder *Thomas Vinterberg* zu den herausragenden innovativen Kulturbeiträgen in Europa. Die auch in Deutschland gesendete TV-Krimi-Produktion ›Der Adler‹ erwies sich mit 70 % Quote in Dänemark als Straßenfeger. Unter den **Buchautoren** unserer Tage erwarb *Peter Høeg* mit seinem spannenden, im verschneiten Kopenhagen spielenden Erstling ›Fräulein Smillas Gespür für Schnee‹ internationale Anerkennung.

Der Reiseführer

Dieser Band stellt die Landschaften und Städte Dänemarks in **fünf Kapiteln** vor. Auf besondere Highlights bei Sehenswürdigkeiten, Museen, Hotels oder Restaurants verweisen die **Top Tipps**. Detaillierte **Übersichtskarten** und **Stadtpläne** erleichtern die Orientierung. Den Besichtigungspunkten sind Informationsbüros, Hotels und Restaurants zugeordnet. Unterhaltsame **Kurzessays** zu Geschichte, Kultur und Alltag präsentieren Originelles und Wissenswertes. **Dänemark von A bis Z** hält schließlich eine Fülle praktischer Informationen bereit, von Anreise über Essen und Trinken, Feste und Feiern bis zu Verkehrsmitteln. Den Abschluss bildet ein umfassender **Sprachführer** mit wichtigen Begriffen und Redewendungen der dänischen Sprache.

Geschichte, Kunst, Kultur im Überblick

Von der skandinavischen Großmacht zum modernen Wohlfahrtsstaat

um 80 000 v. Chr. Archäologische Funde bei Hollerup in Jütland weisen auf frühe menschliche Besiedlung hin.

um 8700 v. Chr. Im Gebiet des heutigen Dänemark überwiegen Birken- und Nadelwälder, durch die Horden nomadisierender Jäger und Sammler ziehen.

5300–4000 v. Chr. Im Laufe der Steinzeit werden die Menschen sesshaft, entwickeln Landwirtschaft, Töpferei und Religion. Ihre Abfallgruben an den Ufern des Limfjord in Nordjütland liefern in der Neuzeit wertvolle Erkenntnisse über diese Ertebølle-Kultur.

4000–2000 v. Chr. Die menschliche Kultur wird reicher: Ackerbauern und Viehzüchter schaffen kunstvoll verzierte Tongefäße und entwickeln einen ausgeprägten Ahnen- und Totenkult. Verstorbene werden zu mehreren in großen steinernen Grabkammern, sog. Dolmen, bestattet.

1800–500 v. Chr. Die Menschen der Bronzezeit schmieden Speerspitzen, Äxte, Schwerter und andere Waffen, fertigen aber auch dekorativen Goldschmuck. Pflüge und Nutztierzucht steigern die Erträge der Landwirtschaft. Hochrangige Tote werden nun in Einzelgräbern bestattet. Dort gefundene Prozessionsäxte, Schiffs- und Sonnensymbole sowie weitere Felszeichnungen deuten auf eine zusammenhängende Vorstellung von Universum, Göttern und Menschen hin.

500 v. Chr.–750 n. Chr. Aus der Eisenzeit stammen archäologische Funde wie der vierrädrige, emailbeschlagene Dejbjerg-Wagen aus dem Præstegårdsmoor in Jütland. Das nach seinem Fundort benannte Hjortspringboot, ein etwa 300 v. Chr. aus Holzplanken konstruiertes, 13 m langes Kriegskanu für maximal 24 Mann Besatzung, weist bereits große Ähnlichkeit mit späteren Wikingerschiffen auf. Aus der Eisenzeit stammen auch die meisten der mehr als 150 entdeckten Moorleichen (z. B. Tollund-Mann), bei denen es sich wahrscheinlich um religiös motivierte Menschenopfer handelt.

ab 100 n. Chr. Mit Ausdehnung des römischen Machtbereichs bis zum Rhein nimmt auch im von Sippen beherrschten Dänemark die Entwicklung des Kriegshandwerks deutlich zu. Durch Handel kommt es aber auch zu einem fruchtbaren Kulturaustausch. Nordische Kunsthandwerker nehmen Anregungen aus dem Mittelmeerraum sowie dem Orient auf und entwickeln eine eigene Tierornamentik.

ab 750 In zeitgenössischen Dokumenten taucht erstmals der Name ›Danemark‹ auf. Das Land bewohnen Jüten, Heruler und Angeln, die als Wikinger zusammengefasst werden. Ihre Herrscher werden oft, wie das Ladby-Grab auf Fünen zeigt, mit reichen Beigaben in Klinkerbooten bestattet, deren Planken wie Dachziegel übereinander liegen. Sie sind das technisch bedeutendste Erzeugnis der Wikingerzeit. Mit Segeln und Rudern ausgestattet, sind die bis zu 20 m langen, hoch-

◁ *Bis ins 10. Jh. verbreiten Wikinger auf Kaperfahrt Schrecken an Europas Küsten*

Seit mehr als 1000 Jahren kündet Jellings Runenstein von König Haralds Bekehrung zum Christentum ▷

seetauglichen Schiffe sehr wendig. Schnell intensivieren sich dank ihrer Hilfe die Seehandelsbeziehungen im Ostseeraum und entlang der Nordseeküste. Wikinger dringen nun sogar bis ins östliche Mittelmeer vor, als Händler und Entdecker, aber auch Eroberer und Kolonisatoren. Berüchtigt sind sie wegen ihrer Überfälle und Plündererzüge vor allem in Westeuropa, auf den britischen Inseln und in Frankreich.

808 Der südjütische König Godfred lässt das bereits 70 Jahre vorher angelegte Danewerk, ein Verteidigungssystem von Wällen und Gräben zwischen der Schlei im Osten und den sumpfigen Niederungen der Treene im Westen des heutigen Schleswig-Holstein, ausbauen und als Grenzanlage gegen das Frankenreich Karls des Großen befestigen.

10./11. Jh. Gorm der Alte (reg. 900–940) herrscht über ganz Dänemark und begründet die Jellingdynastie. Sein Sohn Harald Blauzahn (reg. 940–985) bekehrt sich zum Christentum. Er lässt den königlichen Runenstein in Jelling bei Vejle errichten, den man auch den Taufschein Dänemarks nennt. Sven Gabelbart (reg. 985–1014) sowie seine Söhne Harald II. (reg. 1014–18) und Knud der Große (reg. 1018–35) erobern Schleswig, Norwegen und Teile der britischen Inseln, doch nach dem Tod von Knud zerfällt das ausgedehnte Reich wieder.

Ende 11. Jh. Zunehmend beraten katholische Bischöfe die dänischen Könige. Dadurch verlieren Adel und freie Bauern einige ihrer angestammten Rechte und Privilegien, wogegen sich Widerstand formiert. Während eines Volksaufstandes im Jahre 1086 wird König Knud IV. getötet. Die katholische Kirche spricht ihn als Märtyrer eines heidnischen Aufruhrs heilig.

1157–82 Regierungszeit von König Valdemar I. dem Großen. Absalon, Valdemars Ziehbruder und Bischof von Roskilde, macht sich als Feldherr und Städtegründer einen Namen. 1167 lässt er einen Kaufmannshafen an der Ostküste von Seeland mit einer Burg befestigen, aus der bald die Stadt Kopenhagen erwächst. Der Angriff von Wenden wird zurückgeschlagen und deren Heimatinsel Rügen 1169 erobert.

1219 Unter Valdemar II. der Sieger (reg. 1202–41) erobern die Dänen Estland, gründen dort Reval und kontrollieren zeitweise den Ostseehandel. Der Danebrog, weißes Kreuz auf rotem Grund, wird dänische Nationalflagge.

1227 In der Schlacht von Bornhöved erleidet Valdemar gegen deutsche Fürsten und dithmarscher Bauern eine Niederlage.

1241 Das ›Jütische Recht‹ fixiert den Rahmen der dänischen Ständegesellschaft mit einem König an der Spitze, Ritterstand, freien Bauern und abhängigen Landarbeitern. Für Seeland und Schonen gelten eigene Gesetze.

14. Jh. Die Pest, der ›schwarze Tod‹, fordert Mitte des Jahrhunderts in Dänemark Zehntausende von Opfern. – In den beständigen Auseinandersetzungen zwischen Dänemark und der Hanse um die wirtschaftliche Vorherrschaft im Ostseeraum muss König Valdemar IV. Atterdag (reg. 1340–75) zurückstecken. Im Frieden von Stralsund ist er 1370 gezwungen, dem mächtigen Städtebund freien Handel zuzubilligen und die Besetzung strategisch wichtiger Festungen auf dänischem Boden zu dulden.

1376 Margrete (1353–1412), Tochter Valdemars IV., übernimmt nach dem Tod ihres Vaters die Regentschaft für den unmündigen Thronfolger, ihren Sohn Oluf.

1387 Nach dem Ableben Olufs wird Margrete I. Königin von Dänemark.

1388 Als Erbin ihres 1380 verstorbenen Mannes Håkon, des norwegischen Königs, geht auch die Krone dieses Nachbarlandes auf Margrete I. über.

1389 Mit dem Gewinn der Schlacht von Falköping erringt Margrete I. überdies die schwedische Königswürde.

1397 In dem südschwedischen Ort Kalmar schließen sich Dänemark, Norwegen

◁ *König Christian IV. prägt Dänemark Anfang des 17. Jh. – und sein Volk liebt ihn*

und Schweden formell zur sog. Kalmarer Union zusammen. Margrete I. setzt durch, dass ihr 15-jähriger Großneffe Erik von Pommern als ihr Nachfolger König der drei vereinten skandinavischen Reiche wird.

1416 Kopenhagen wird Hauptstadt der vereinigten nordischen Königreiche.

1520–23 Schweden erhebt sich gegen den verhassten König Christian II. (1481–1559), der 1523 abdanken muss. Der schwedische Reichstag wählt Gustav Eriksson Vasa (1496/97–1560) zum König eines unabhängigen, nicht mehr zur Kalmarer Union gehörenden Schweden.

1534–36 In der ›Grafenfehde‹ setzt sich Christian III. (reg. 1534–59) gegen Teile des Adels und des Bürgertums durch, die mit Hilfe der Hansestadt Lübeck den früheren König Christian II. wieder auf den Thron bringen wollten.

1536 Unterstützt von Christian III. setzt sich die lutherische Reformation in Dänemark durch. Besitz der katholischen Kirche wird säkularisiert, der König begleicht damit die Staatsschulden.

1588–1648 Regierungszeit des absolutistischen Herrschers Christian IV. (1577–1648). Er ist einer der populärsten Monarchen in der Geschichte Dänemarks und gründet zahlreiche Städte, etwa Glückstadt oder Oslo. Im 30-jährigen Krieg (1618–48) agiert er jedoch unglücklich, am Ende ist die Staatskasse leer und Schweden hat sich zudem dänische Ländereien, wie z.B. Gotland und Bornholm, einverleibt.

1661 Der absolutistisch regierende Frederik III. (reg. 1648–70) begründet eine Erbmonarchie in Dänemark.

18. Jh. Die nachfolgenden dänischen Könige unternehmen verschiedene vergebliche Versuche, verlorene Gebiete von Schweden zurückzugewinnen. Doch nach dem Nordischen Krieg (1708–20) kommt es zu einer längeren Friedensperiode, in der Dänemark wirtschaftlich aufblüht. Seine Flotten segeln auf den Weltmeeren und das nordische Königreich erwirbt Niederlassungen in der Karibik.

Anfang des 19. Jh. England greift die Hafenstadt Kopenhagen 1801 und 1807 von See aus an und zwingt Dänemark zur Aufgabe seiner Flotte. Daraufhin schließt sich der dänische König Frederik IV. (reg. 1784–1839) im Zuge der Napoleonischen Kriege (1803–14) den Franzosen an.

1814 Nach der Niederlage Napoleons I. verliert Dänemark im Kieler Frieden Helgoland an England und die norwegischen Lande an Schweden.

1848–63 Während der Regierungszeit Frederik VII. (1808–1863) gewinnen bürgerliche Kräfte an Einfluss. Dänemark wandelt sich schrittweise zu einer konstitutionellen Monarchie mit einem Parlament, dem Folketing. Die 1849 beschlossene Juniverfassung (Junigrundloven) garantiert Glaubens-, Meinungs- und Versammlungsfreiheit.

1848–50 Ein blutig niedergeschlagener Aufstand der beiden zusammen gehörigen Herzogtümer Schleswig und Holstein weitet sich zum Deutsch-Dänischen Krieg aus. Hintergrund sind Auseinandersetzungen über die Amtssprache sowie Absichten dänischer Nationalisten, Dänemark nach Süden offiziell bis zum Fluss Eider auszudehnen und damit Schleswig und Holstein aufzuspalten.

1852 Im Londoner Protokoll verfügen die europäischen Großmächte die Eigenständigkeit der umstrittenen Herzogtümer.

1863 Dänemark macht Anstalten, sich Holstein einzuverleiben.

1864 Preußen und Österreich schlagen in einem zweiten Deutsch-Dänischen Krieg die dänischen Truppen bei den Dybbol Banke, den Düppeler Schanzen. Dänemark muss seine Ansprüche auf die nunmehr preußisch und österreichisch verwalteten Herzogtümer Lauenburg, Holstein und Schleswig aufgeben.

1914–18 Im Ersten Weltkrieg bleibt Dänemark neutral.

1915 Mit einer neuen demokratischen Verfassung tritt in Dänemark auch das Frauenwahlrecht in Kraft.

1917 Dänemark verkauft seine karibischen Kolonien St. Thomas, St. Jan (St. John) und St. Croix für 25 Mio. US-Dollar in Gold an die USA.

1918 Island wird selbstständiges Königreich, regiert von dänischen Monarchen.

1920 In einer Volksabstimmung entscheiden sich die Bewohner von Nordschles-

Am 9. April 1940 beginnt die Operation ›Weserübung‹: Deutschland besetzt Dänemark

wig (Sønderjylland), dem Gebiet zwischen Flensburg und Kolding, für eine Rückkehr zu Dänemark.

1924 Der dänische König überträgt erstmals die Regierung den Sozialdemokraten, die seit langem die Parlamentsmehrheit stellen. Mit einer Sozialreform versuchen sie, die Auswirkungen der Weltwirtschaftskrise zu lindern und begründen so den Ruf Dänemarks als ›Wohlfahrtsstaat‹.

1940 Knapp ein Jahr nach Abschluss eines Nichtangriffsvertrages überfallen deutsche Truppen im Zweiten Weltkrieg Dänemark.

1943 Die deutsche Wehrmacht verhängt das Kriegsrecht, die zivile dänische Regierung wird aufgelöst. 7000 dänischen Juden gelingt die Flucht nach Schweden.

1944 Island, seit 1940 von Alliierten besetzt, löst sich aus dem Staatenverband mit Dänemark und erklärt sich zur selbstständigen Republik.

1945 Dänemark ist Gründungsmitglied der Vereinten Nationen in New York.

1948 Die zwischen Schottland und Island gelegenen dänischen Färöer-Inseln erhalten innere Selbstverwaltung.

1949 Dänemark tritt der NATO bei.

1958 Die skandinavischen Länder Dänemark, Schweden, Norwegen, Finnland und Island bilden eine Passunion.

1972 Nach dem Tod von König Frederik IX. (reg. 1947–72) wird dessen Tochter Margrethe II. Königin. Die beliebte Monarchin regiert das Land bis heute.

1973 Dänemark wird Mitglied der Europäischen Gemeinschaft (EG).

1985 Grönland wird dänisches überseeisches Gebiet mit innerer Selbstverwaltung und tritt aus der EG aus.

1993 Die Dänen stimmen den EU-Verträgen von Maastricht mehrheitlich zu.

1998 Eröffnung der Brücke Storebælt Brø zwischen Fünen und Seeland, auf der man Kopenhagen von Westen her auf dem Landweg erreichen kann.

2000 Im Juli wird die Tunnel-Brücken-Verbindung über den Øresund zwischen Seeland und Schweden eingeweiht. – In einem Referendum lehnt die Mehrheit der Dänen den Beitritt des Landes zur Eurozone ab.

2004 Kronprinz Frederik heiratet Mary Donaldson, eine australische Juristin. Am 15. Oktober 2005 wird ihr Sohn Christian Valdemar Henri John geboren. – Ministerpräsident Anders Fogh Rasmussen sieht sich wegen der Teilnahme Dänemarks am Irak-Krieg heftiger Kritik ausgesetzt.

2006 Der sog. Karikaturenstreit um in der Zeitung Jyllands Posten veröffentlichte Karikaturen des Propheten Mohammed eskaliert.

2007 Nach Räumung eines Jugendhauses in Kopenhagen kommt es zu Krawallen. – Die Parlamentswahlen im November bescheren Ministerpräsident Rasmussen eine dritte Amtszeit.

Margrethe II., dänische Königin seit 1972, hier an der Seite von Prinzgemahl Henrik

Frühlingszauber um das Renaissanceschloss
Rosenborg Slot in Kopenhagens Innenstadt

Unterwegs

Seeland und südliche Inseln – vom weltoffenen Kopenhagen zu weißen Kreidefelsen

Mit 7026 km^2 ist *Sjælland* (Seeland) Dänemarks größte Insel. Die Landschaft ist flach, als höchste Erhebung ragt der **Gyldenløves Høj** 126 m auf. An der Ostküste von Seeland liegt **Kopenhagen**, die Hauptstadt Dänemarks mit ihren überschaubaren Dimensionen. Hier dominiert keine Skyline aus Stahl, Glas und Beton den Himmel, vielmehr erheben sich Rathaus- und Kirchtürme über die Kupferdächer der Stadt. Ihr maritimes Flair verdankt sie dem Seehafen und der Lage direkt am Øresund. Zu Kopenhagens Beliebtheit tragen außerdem zahlreiche Museen, historische Gebäude, prunkvolle Schlösser – darunter Amalienborg, Sitz des dänischen Königshauses –, schicke Geschäfte und weitläufige Parks bei.

Von Kopenhagen aus ist es nicht weit bis zu Seelands anderen Attraktionen. Die S-Bahn fährt in einer Viertelstunde zu den feinen Sandstränden der **Køge-Bucht**. Nur rund 30 km sind das charmante Fachwerkstädtchen **Køge** oder die alte Wikingerstadt **Roskilde** entfernt, nicht einmal 50 km sind es bis **Helsingør**, wo nach Shakespeare einst Hamlet nach Sein oder Nicht-Sein fragte. In Seelands Norden sind die prächtigen Schlösser wie **Frederiksborg Slot** als Ausflugsziele ebenso beliebt wie die moderne Kunstausstellung im Museum Louisiana oder die schönen Strände um **Gilleleje**.

Nordische Backsteinarchitektur prägt den Radhuspladsen, Kopenhagens zentralen Platz

1 Kopenhagen

Plan hintere Umschlagklappe

Traditionsreiche Hauptstadt und lebensfrohe Metropole des Königreichs.

Besonders groß ist Kopenhagen nicht, im engeren Stadtbezirk leben rund 500 000 Einwohner, der Großraum umfasst etwa 1,4 Mio. Menschen. Die Stadt liegt am **Øresund**, der schmalen Meerenge, die Dänemark von Schweden trennt. Die wirtschaftlich dynamisch wachsende *Øresundregion* hat beiderseits der Grenzen sogar 3,6 Mio. Einwohner und 170 000 Betriebe. Am lang gestreckten Hafen legen die großen Fähren aus Stockholm oder Bornholm neben Kreuzfahrtschiffen aus aller Welt an. Schicke Neubauten und restaurierte Lagerhallen beiderseits des breiten Hafenkanals haben das frühere Gewerbequartier wieder in die Stadt integriert. Aus der historischen Innenstadt führen breite Boulevards in die Außenbezirke. Sie liegen bereits jenseits der **Søerne**, wie die drei Seen *Sankt Jørgens Sø*, *Peblinge Sø* und *Sortedams Sø* genannt werden, die im Halbkreis das Zentrum begrenzen.

Im Herzen von Kopenhagen liegen die Sehenswürdigkeiten nahe beieinander: der märchenhafte Vergnügungspark **Tivoli**, Schloss **Amalienborg**, die Residenz von Königin Margrethe II., und die Statue der **Kleinen Meerjungfrau**, das bekannteste Wahrzeichen der Stadt. Sobald sich ein Sonnenstrahl zeigt, stellen Caféhausbesitzer im Freien Tische und Stühle für ihre Gäste auf und im Handumdrehen entsteht eine heitere, fast südländische Atmosphäre. Die **Universitätsstadt** Kopenhagen wirkt anregend und entspannend zugleich. Königliches Theater und Ballettensemble, Jazzkeller und Rockkonzerte unter freiem Himmel oder alternative Stadtteilkultur in Christiania bilden keine Gegensätze, sondern üben sich in friedlicher Koexistenz.

Geschichte Absalon (1128–1201), der streitbare Bischof und Ziehbruder von König Valdemar I., befestigte 1167 das Dörfchen Hafnia am Øresund zur Abwehr wendischer Piraten. Auf der späteren Insel Slotsholmen ließ er zu diesem Zweck die **Burg Havn** errichten, um die bald eine Siedlung mit Namen *Købmandenes Havn*, ›Kaufmannshafen‹, entstand. Das spätere **København** wurde 1416 zur Hauptstadt des Königreiches Dänemark. König Christian IV. (1588–1648) ließ einen Großteil der markanten Gebäude errichten, die noch heute das Bild der Stadt prägen, wie den Runden Turm, die alte Börse und das Schloss von Rosenborg.

Anklänge an Wikinger-Herolde: Lurenbläsersäule vor dem Rathausturm

Im 17. Jh. wurde Dänemarks Hauptstadt mehrfach von schwedischen Truppen belagert, im folgenden Jahrhundert von Seuchen und Feuersbrünsten heimgesucht, während der Napoleonischen Kriege (1803–14) zweimal von britischen Truppen angegriffen und schließlich während des Zweiten Weltkrieges von der deutschen Wehrmacht besetzt. Die alten Verteidigungsanlagen mit Wällen und Gräben wurden nach und nach zu innerstädtischen **Parks** und **Seen** umgewandelt. Zu ihnen gehören Tivoli, Ørsteds Parken, Botanischer Garten, Østre Anlæg und Churchillparken beim alten Kastell.

An alte Zeiten erinnern auch die Soldaten der **Ehrengarde**, die jeden Tag um die Mittagszeit mit Bärenfellmützen und in leuchtend blauen oder roten Uniformen zur Wachablösung vor dem Schloss Amalienborg quer durch die Innenstadt marschieren. An die Vergangenheit knüpft in gewisser Weise auch die Biennale **Kulturbro**, die seit dem Jahr 2000 im Herbst gefeiert wird. Das Fest trägt den Namen ›Kulturbrücke‹ zur Erinnerung an die Einweihung der Øresundbrücke zwischen dem dänischen Kopenhagen und dem schwedischen Malmö im Juli 2000.

Vom Rathaus zur Schlossinsel

Der zentrale **Rådhuspladsen** 1, der Rathausplatz inmitten von Kopenhagens mittelalterlicher Altstadt, ist ein guter Ausgangspunkt für die Stadterkundung. Rings um das geräumige Geviert liegen die interessantesten Sehenswürdigkeiten der nordischen Metropole.

Das mächtige, 1892–1905 in einem Stilmix von nordischer Romantik und italienischer Renaissance aus Klinker errichtete **Rådhus** 2 (Rådhuspladsen, Führungen Mo–Fr 15, Sa 10 und 11 Uhr) begrenzt den weiten, verkehrsberuhigten Platz im Süden. Von seinem 106 m hohen *Turm*, zu dessen Spitze 300 Stufen führen, bietet sich eine wunderbare Aussicht über die Stadt. Über dem Hauptportal des Rathauses fällt auf einem Gebäudevorsprung die vergoldete *Statue* des Stadtgründers Absalon auf. Ansonsten zieren die *Fassade* Reliefs, das *Innere* Wandgemälde zu Kopenhagens Geschichte und zur nordischen Mythologie. Anziehungspunkt im Rathausfoyer ist die *Weltuhr* (Mo–Fr 10–16, Sa 10–13 Uhr) von Jens Olsen. Er baute 27 Jahre an der komplizierten Mechanik, sein Meisterwerk wurde jedoch erst 1955, 10 Jahre nach seinem Tod, fertig gestellt.

Zwei bronzene **Lurenbläser** stehen seit 1914 am nordöstlichen Ende des Rathausplatzes auf einer Säule. Außerdem findet sich auf dem Platz eine **Bronzestatue** des berühmten Dichters *Hans Christian Andersen* [s. S. 69], der als 14-Jähriger aus Odense in die Hauptstadt Kopenhagen gezogen war.

Nur einige Dutzend Meter die Straße Vester Voldgade Richtung Südosten hinunter und über den Dantes Plads, dann hat man die **Ny Carlsberg Glyptotek** 3 (Dantes Plads 7, Tel. 33 41 81 41, www.glyptoteket.dk, Di–So 10–16 Uhr) erreicht. Der von Vilhelm Dahlerup entworfene Kuppelbau, zum 100. Geburtstag der Glyptothek im Jahr 2006 vollständig renoviert, beherbergt exzellente Sammlungen ägyptischer, griechischer, etruskischer und römischer Kunst, darunter meisterhafte italische Porträtstatuen vom 1. Jh. v. Chr. bis zum 5. Jh. n. Chr. Daneben gibt es französische Malerei sowie Plastiken der Impressionisten und Postimpressionisten zu sehen, darunter Arbeiten von Monet, Degas, Gauguin, van Gogh und Rodin. Bilder von Eckersberg, Juel oder Købke stehen für die Kunst der nationalromantischen Epoche, des *Goldenen Zeitalters* Dänemarks in der ersten Hälfte des 19. Jh. Die Glyptothek wird von einer Stiftung getragen, die von jeder verkauften Flasche Carlsberg-Bier einen Obolus erhält.

TOP TIPP

Zwischen der Vester Voldgade und dem Frederiksholmskanal erstrecken sich das ausgedehnte, kolonnadengesäumte **Nationalmuseet** 4 (Ny Vestergade 10, Tel. 33 47 38 50, www.nationalmuseet.dk, Di–So 10–17 Uhr), das ehem. Kronprinzenpalais sowie weitere Museumsgebäude in einem parkähnlichen Gelände.

Antike meets Jugendstil: Römische Statuen in der Ny Carlsberg Glyptotek

Im Nationalmuseet veranschaulicht der Sonnenwagen von Trundholm (12./11. Jh. v. Chr.) die altnordische Vorstellung, die Sonne fahre mit ihrem Wagen täglich über den Himmel

Zur umfassenden kulturgeschichtlichen Sammlung des Nationalmuseums von der Vor- und Frühgeschichte bis zur Gegenwart gehören so bekannte Fundstücke wie der mehr als 3000 Jahre alte *Sonnenwagen* von Trundholm sowie *Runensteine* der Wikinger (Prähistorische Abteilung wegen Umbaus vorraussichtlich bis Mai 2008 geschl.). Im *Børnenes Museum*, einer Ausstellung eigens für Kinder, können junge Besucher in einem ›Zeittunnel‹ ein Klassenzimmer zu Anfang des 20. Jh., eine mittelalterliche Burg oder die exakte Nachbildung eines Wikingerschiffes aus dem 10. Jh. erkunden.

Reliefs mit Porträts und Szenen aus der griechischen Mythologie schmücken die 1745 fertig gestellte **Marmorbroen** 5, die Marmorbrücke, die über den Frederikskanal nach **Slotsholmen** 6 führt. Seit 1417 wird Dänemark von dieser *Schlossinsel* bzw. dem vierflügeligen **Christiansborg Slot** 7 (Christiansborg Slotplads, Besichtigung der königlichen Empfangsräume, mit Führung, tgl. 11, 13, 15 Uhr, im Winter Di–So 15 Uhr, Ruinen und historische Ausstellung unter dem Palast tgl. 10–16, Winter Di–So 10–16 Uhr) aus regiert. Das wuchtige, von dunklem Bornholmer Granit verkleidete Schloss mit einem 90 m hohen, kupfergedeckten Turm ist schon der sechste Nachfolgebau seit Absalons Burggründung im Jahr 1167. Heute tagt in dem 1907–28 nach Entwürfen des Architekten Thorvald Jørgensen errichteten Palast das dänische Parlament, das 179-köpfige *Folketing*. Im dahinterliegenden Anbau ist das **Teatermuseet** 8 (Christiansborg Ridebane 18, www.teatermuseet.dk, Di 11–15, Mi 11–17, Do 11–15, Sa/So 13–16 Uhr) untergebracht. Im restaurierten alten königlichen Theatersaal erhält man anhand von Kostümen und Bildern alter Inszenierungen, Plakaten und Foto-

Königliche Pracht entfaltet Christiansborg Slot auf der Altstadt-Insel Slotsholmen

Markenzeichen der Børsen ist die gedrehte Turmspitze über vielgliedriger Barockfassade

grafien einen Einblick in die Geschichte der dänischen Bühnenkunst.

Ein weiterer Glanzpunkt ist das sich nördlich an den Schlosskomplex anschließende **Thorvaldsens Museum** 9 (Bertel Thorvaldsens Plads 2, Tel. 33 32 15 32, www.thorvaldsensmuseum.dk, Di–So 10–17 Uhr). In ihm sind ›Amor und die drei Grazien‹ und weitere der eindrucksvollen antikisierenden Marmorstatuen von Bertel Thorvaldsen (1770–1844) ausgestellt, der in Rom zu einem der bekanntesten Bildhauer seiner Zeit avanciert war. Der 1839–48 im klassizistischen Stil errichtete Bau ist zugleich Museum und Mausoleum des Künstlers.

Im Modell zeigt das Orlogsmuseet Segelschiffe, die einst die Weltmeere befuhren

In früheren Wirtschaftsgebäuden südlich von Schloss Christiansborg ist u. a. das **Tøjhusmuseet** 10 (Tøjhusgade 3, www.thm.dk, Di–So 12–16 Uhr) untergebracht, in dem Waffen, Uniformen und Flaggen von 1400 bis heute ausgestellt sind. Gleich daneben liegt **Det Kongelige Bibliotek** 11 (Søren Kirkegaards Plads 1, Mo–Sa 10–19 Uhr, www.kb.dk) in einer bezaubernden Gartenanlage. Seit ihrer Gründung Mitte des 17. Jh. durch Frederik III. wurden hier mehr als 4 Mio. Bücher und Folianten zusammengetragen. Im spektakulären Annex *Den Sorte Diamant* mit seinen 24 m hohen, schrägen Wänden aus poliertem schwarzen Granit finden Wechselausstellungen statt. Hier hat auch das *Nationale Fotomuseum* (Mo–Fr 10–19, Sa 10–17 Uhr) seinen Sitz. Seit 2004 beherbergt das Königliche Bootshaus im Park der Bibliothek, ursprünglich 1609 errichtet, das **Dansk Jødisk Museum** 12 (Tel. 33 11 22 18, www.jewmus.dk, Juni–Aug. Di–So 10–17 Uhr, sonst Di–Fr 13–16, Sa/So 12–17 Uhr,), dessen Inneres Daniel Libeskind gestaltete.

Am Kanal zieht ein schlanker Turm die Blicke auf sich, dessen spitz zulaufendes Dach aus vier kupfernen, sich umeinander drehenden Drachenschwänzen besteht. Ob dies ein Sinnbild für das Treiben in der darunterliegenden alten **Børsen**

13 darstellen soll, ist nicht bekannt. Mit dem eigenwilligen Dach erhielt die 1619–40 im Stil holländischer Renaissancearchitektur errichtete dekorative Börse jedenfalls eine ganz besondere Note. Der Handel mit Wertpapieren ist längst an den Nikolaj Plads 8 umgezogen, doch im Eingangsfoyer der Børsen dokumentieren Wand- und Bodenmosaike die einstige Entwicklung der Geschäfte.

Auf der Brücke Holmenbro gelangt man über den Kanal um Slotsholmen nach Nordosten zur **Holmens Kirke** 14 (Holmen Kanal, Mo–Fr 9–14, Sa 9–12 Uhr). Die ursprüngliche Ankerschmiede an gleicher Stelle wurde 1619 auf Befehl von König Christian IV. zur Marinekirche umgestaltet. 1641–43 wurden Chor und Seitenschiffe, 1705 die Kapelle mit zwei von der Decke hängenden Schiffsmodellen hinzugefügt. Ein kunstvolles Messinggitter trennt Chor und Hauptschiff mit seiner hoch aufragenden Kanzel aus dänischer Eiche, die wie der geschnitzte Altar aus der zweiten Hälfte des 17. Jh. stammt.

Christianshavn

Gegenüber von Slotsholmen ließ Christian IV. im Jahr 1618 auf der Insel *Amager* einen Hafen mit rechtwinklig verlaufenden Kanälen und Straßen anlegen, der seinen Namen trug. Heute wechseln sich in dem beliebten Stadtteil zwischen den alten Schanzen des Stadtwalls und dem Hafenkanal noble Patrizierdomizile mit Fachwerkhäusern und dekorativen Höfen ab, verführen kleine Geschäfte zu einem Bummel durch die malerischen Gassen, laden nette Lokale und Cafés zum Verweilen ein.

Gammel Dok 15 (Strandgade 27 b, Tel. 32 57 19 30, www.dac.dk, tgl. 10–17, Mi bis 21 Uhr), ein ehem. Speicherhaus am Inderhavn, ist heute Architekturzentrum mit sehenswerten Ausstellungen und einem Café, von dem man einen schönen Blick auf die Stadtsilhouette am gegenüberliegenden Kanalufer hat. Schiffsmodelle, Uniformen und Seekarten illustrieren im **Orlogsmuseet** 16 (Overgaden oven Vandet 58 A, Di–So 12–16 Uhr, www.orlogsmuseet.dk) am nahen Christianshavns Kanal die Geschichte der Königlichen Kriegsmarine vom 17. bis 20. Jh.

TOP TIPP

Der großartige, kreuzförmige Backsteinbau der Ende des 17. Jh. fertig gestellten **Vor Frelser Kirke** 17 (Prinsessegade/Skt. Annægade, www.vorfrelserkirke.dk, zurzeit wegen umfassender Restaurierungsarbeiten im Inneren der Kirche geschl., voraussichtliche Wiedereröffnung Mai 2009) ist im gesamten Stadtgebiet zu sehen. Erst 1752 kam die grün patinierte, kupferne Turmspitze hinzu, bekrönt von der auf einem Goldglobus stehenden Christusfigur. Um das obere Drittel des Turms windet sich außen eine Wendeltreppe zu einer 87 m hoch gelegenen Aussichtsplattform hinauf, von der aus man einen wunderbaren Rundblick über Kopenhagen genießt. Im *Inneren* der Erlöserkirche ist der vom Stockholmer Baumeister Nicodemus Tessin 1695 entworfene Hochaltar ebenso sehenswert wie die von zwei Stuckelefanten getragene Orgelempore und der Orgelprospekt, die der sächsische Bildhauer Christian Nerger 1698 schnitzte.

Hinter dem Tor zur Freistadt Christiania beginnt eine andere Welt

Die zweite Kirche des Stadtteils, die **Christians Kirke** 18 (Strandgade 1–2, Mo–Sa 8–17 Uhr), ist schlichter gestaltet. Ihr Architekt Nicolai Eigtved hat auch Amalienborg und das erste Königliche Theater entworfen. Im Inneren der mit Sandstein verzierten Backsteinkonstruktion aus dem Jahr 1759 fällt die dreistöckige Empore auf, deren Bauteile wie Theaterlogen schräg übereinander angelegt sind. Auch Altar, Kanzel und Orgel sind übereinander angebracht.

Im Osten der Insel Amager umgeben Prinsessegade, Bådmandsstræde und der Wall der früheren *Ulriks Bastion* die 34 ha umfassende **Fristaden Christiania** 19 (Anmeldung für Führungen Gallopperiet, Tel. 32 57 96 70). In den fantasievoll gestal-

Versammlungsfreiheit auf dem Strøget – Kopenhagens propere Fußgängerzone lädt zum Einkaufen ebenso ein wie zum Flanieren oder auf ein Spielchen

teten Bauten leben seit 1971 knapp 1000 *Christianitter*. Damals okkupierten Hausbesetzer, sog. *Slumstormers*, dem Verfall anheim gegebene ehem. Kasernen auf dem Areal und probten basisdemokratisches Miteinander. Inzwischen ist die in die Jahre gekommene Vorzeigesiedlung Ziel von über einer Million Besucher jährlich – und dennoch von Schließung bedroht. Die farbig bemalten Häuser aus allerlei Baustoffen von Holz über Stein bis Flaschenglas, Bauwagen, Cafés und eine lebendige Kulturszene machten bislang einen Spaziergang durch die Alternativsiedlung zu einem kurzweiligen Vergnügen. Etwas weiter im Norden, auf der Insel Holmen, blickt das 2005 eröffnete spektakuläre, von Henning Larsen entworfene **Operahus** 20 (Ekvipagemestervej 10, Führungen Mo/Di/Mi 10–16 Uhr, www.operahus.dk) über den Hafen auf die Stadt. Die Baukosten von 335 Mio. € brachte die Stiftung der Reederfamilie Møller auf, der mit dem Maersk-Konzern eines der größten Unternehmen Dänemarks gehört.

Beiderseits des Strøget

Irgendwann landet hier jeder auf dem Strich. In Kopenhagen versteht man unter der Bezeichnung **Strøget** allerdings die etwa 1800 m lange, zentrale Einkaufsstraße der Stadt. Sie besteht eigentlich aus insgesamt fünf, eher schmalen Straßen und Plätzen, der *Frederiksberggade*, *Nygade*, *Vimmelskaftet*, dem *Amagertorv* und der *Østergade*. Die belebte Fußgängerzone mit Abzweigungen nach rechts und links säumen Cafés, Restaurants und Geschäfte aller Art und jedes Preisniveaus.

Am **Nytorv** 21, einem Platz am *Strøget* mit Häuserfassaden aus dem 19. Jh., steht u. a. das *Amtsgericht*, über dessen Säulenportal die Worte *Med Lov Skal Man Land Bygge* (Mit Gesetz soll man das Land errichten) eingemeißelt sind. Im Haus gegenüber ist eine Filiale der Danske Bank eingerichtet, doch verrät eine Plakette an der Fassade, dass hier der in Kopenhagen geborene Philosoph *Søren Kierkegaard* (1813–1855) mehrere Jahre wohnte.

Nördlich vom *Strøget* beginnt das *Latinerkvarter* rund um die alte Universität, ein munteres Viertel voll historischer Gebäude und alternativer Läden. Die dortige **Vor Frue Kirke** 22 (Nørregade/Frue Plads, tgl. 8–17 Uhr außer während Gottesdiensten) wird auch als Kopenhagener Dom bezeichnet. Sie entstand 1811–29 in neoklassizistischem Stil über den Resten ihrer fünf Vorgängerbauten. Bertel Thorvaldsen schuf die Johannesgruppe am tempelähnlichen Frontgiebel sowie die Christusfigur und die Zwölf Apostel im Altarbereich des in schlichtem Weiß gehaltenen Innenraumes.

In direkter Nachbarschaft erinnern am Frue Plads vor dem aus dem 19. Jh. stammenden Hauptgebäude der **Universitet** 23 Porträtbüsten an berühmte Absolventen und Lehrer der Hochschule, wie den Physiker und Nobelpreisträger Niels Hendrik David Bohr (1885–1962). Im Inneren der bereits 1479 gegründeten Universität beeindruckt die mit Fresken und Malereien zur dänischen Geschichte dekorierte *Vorhalle*. Darüber befindet sich der *Gobelinsaal* mit sieben flämischen Wandteppichen aus der Zeit um 1660 mit biblischen Darstellungen.

Zurück auf dem Strøget lohnt am brunnengeschmückten **Amagertorv** 24 im Haus Nr. 9 ein Stopp im Ladenkomplex von **Royal Scandinavia**. Dort finden Freunde des dänischen Designs Geschäfte wie Illums Bolighus für Möbel, Georg Jensen für Silber oder Royal Copenhagen für Porzellan und Glas.

Die **Helligånds Kirke** 25 (Amagertorv, Mo–Fr 12–16 Uhr) war vor der Reformation als Kirche zum Heiligen Geist Teil eines katholischen Klosters, ab 1537 aber protestantische Gemeindekirche. Das Sandsteinportal der Fassade stammt aus dem Jahr 1620. Das Innere des Gotteshauses brannte 1728 aus, wurde anschließend barock erneuert und Ende des 19. Jh. im Stil der Neorenaissance überbaut.

Wo der Amagertorv in die Østergade übergeht, erweitert sich der Strøget nach Süden zum lang gestreckten **Højbro Plads** 26. Ein 1901 von Vilhelm Bissen geschaffenes Reiterstandbild zeigt Bischof Absalon als streitbaren Krieger. An diesem Platz endet auch die vom Rathausplatz kommende *Strædet*, eine an Boutiquen und Antiquitätenläden reiche Einkaufszeile aus den drei Straßen Farverg-, Læder- und Kompagnistræde.

Mit der **Købmagergade** 27 zieht sich eine weitere Fußgängerzone mit diversen Geschäften vom Højbro Plads nach Norden. Es lohnt sich, auch die schmalen Nebenstraßen entlang zu schlendern, etwa die *Fiolstræde* mit ihren Buchantiquariaten oder den *Gråbrødretorv* mit zahlreichen Cafés und Restaurants. Das **Museum Erotica** 28 (Købmagergade 24, Mai–Sept. tgl. 10–23, sonst Mo–Fr und So 11–20, Sa 10–21 Uhr, www.museumerotica.dk), von außen nur an einem dezenten Hinweisschild zu erkennen, präsentiert anhand von anschaulichen Dokumentationen, Fotografien und Filmen die Geschichte von Liebe, Erotik, Sex und Pornographie. Heute wirken die Exponate allerdings weit weniger sensationell als im Jahr 1968, damals erregte die Eröffnung des Museums noch europaweites Aufsehen.

Ein beliebter Aussichtspunkt ist der 35 m hohe **Rundetårn** 29 (Købmagergade 52 A, Sept.–Mai Mo–Sa 10–17, So ab 12, sonst Mo–Sa 10–20, So ab 12 Uhr) mit einem Durchmesser von 15 m. Er wurde 1642 als Observatorium der Universität errichtet und diente gleichzeitig als Turm der benachbarten Trinitatiskirche. Keine Treppe, sondern ein 209 m langer, gut 7 m breiter, gepflasterter *Wendelgang* führt

Was Sie schon immer über Sex wissen wollten – das Museum Erotica verrät es

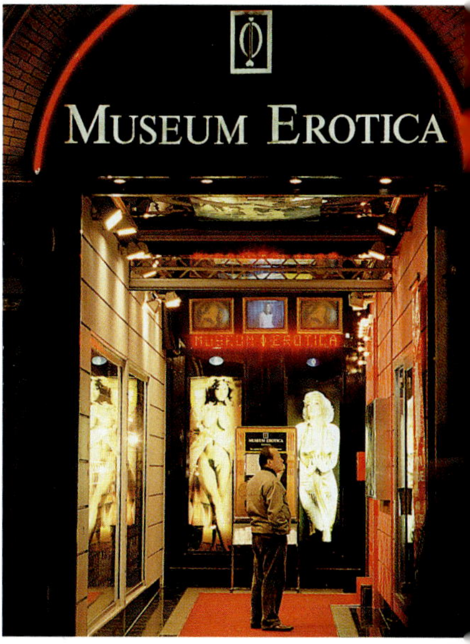

Aufs Podest gestellt: Adam-Oehlenschläger-Denkmal vor dem Kongeligen Teater

zur Spitze hinauf. Zar Peter I. soll 1716 gar mit einer vierspännigen Kutsche die Spirale hinaufgejagt sein, um einer jungen Kopenhagenerin zu imponieren.

Setzt man den Weg auf dem Strøget fort, öffnet sich rechter Hand bald der **Nikolaj Plads** 30. Die namengebende *Nikolaj Kirke* wurde schon im 13. Jh. gegründet, aber 1795 durch eine Feuersbrunst fast völlig zerstört. Erst zu Beginn des 20. Jh. baute man den Glockenturm wieder auf, der auf einem viereckigen Backsteinsockel einen spitz zulaufenden, ringsum mit patiniertem Kupfer beschlagenen runden Aufsatz trägt. Eine daneben neu errichtete Halle dient heute ebenso wie der Vorplatz für Ausstellungen und Konzerte.

Zwischen Kongens Nytorv und Kleiner Meerjungfrau

König Christian V. als römischer Imperator hoch zu Ross, dieses Denkmal steht im Zentrum einer ovalen Grünanlage auf dem um 1680 angelegten **Kongens Nytorv** 31. Zwölf Straßen führen auf diesem größten Platz der Stadt zusammen und jedes Jahr im Juni treffen sich hier nach erfolgreichem Examen unzählige Studenten zu einer feuchtfröhlichen Feier. Um den *Königlichen Neuen Markt* verdient eine Reihe markanter Gebäude Erwähnung, vor allem das im Stil der Neorenaissance 1872–74 erbaute **Kongelige Teater** 32, auf dessen zwei Bühnen Theaterstücke, Opern und Ballet aufgeführt werden. Seinen Eingang flankieren Statuen des romantischen Nationaldichters Adam Gottlob Oehlenschläger (1779–1850), der den Text der dänischen Nationalhymne verfasste, und des Dramatikers Ludvig Holberg (1684–1754), der zahlreiche Komödien schuf. Das benachbarte **Charlottenborg Slot** 33, ein 1672–83 entstandener Barockbau beherbergt seit 1754 die Dänische Akademie der Künste. **Thotts Palais** 34, 1685 im Baustil des niederländischen Palladianismus mit korinthischen Säulenkapitellen errichtet, dient seit mehr als 70 Jahren als Sitz der französischen Botschaft. In einem Palais aus dem 17. Jh. am Kongens Nytorv sind außerdem das noble *Hotel d'Angleterre* untergebracht, ebenso das *Magasin du Nord*, das älteste und bekannteste Kaufhaus Skandinaviens.

An der Südostseite des Kongens Nytorv legen Ausflugsschiffe zu Kanal- und Hafenrundfahrten ab. Sie fahren durch den kurzen, doch viel besuchten Kanal **Nyhavn** 35, der hier beginnt und zum Inderhavn, dem ›Inneren Hafen‹ führt. An

Links, zwo, drei vier – Aufmarsch der Wachsoldaten vor Amalienborg Slot

Eine Seefahrt ist lustig und schön, zumal wenn sie durch den malerischen Nyhavn führt

dem von malerischen Giebelhäusern und ehem. Speichern gesäumten Kai des Kanals liegen stets zahlreiche Schiffe, ältere Segler ebenso wie moderne Freizeitboote. Die Nebenstraßen ringsum galten bis ins 20. Jh. als Rotlichtviertel der Stadt. Heute treffen sich, vor allem bei sommerlichen Temperaturen, gut gelaunte Kopenhagener und auswärtige Besucher vor den Restaurants und Kneipen am sonnigen Nordufer des Kanals.

Nur zwei Blocks nördlich vom Nyhavn wohnt die dänische Königin Margrethe II. im **Amalienborg Slot** 36. Der Palast besteht aus vier gleichartigen, symmetrisch um einen achteckigen Platz errichteten Palais, die 1749–60 im Rokokostil erbaut wurden. Das dänische Königshaus nutzt den imposanten Gebäudekomplex als Wohn- und Amtssitz, seitdem 1794 ein Feuer die vorherige Residenz, Christiansborg Slot auf Slotsholmen, vernichtet hatte. Wenn Mitglieder der königlichen Familie im Palast weilen, weht über dem südöstlichen Palais die dänische Flagge Danebrog. Ist die Königin anwesend, zieht die Ehrengarde von Soldaten mit hohen Bärenfellmützen und blau-schwarzen Uniformen zur Freude vieler Zuschauer von Rosenborg Slot [s. S. 29] nach Schloss Amalienborg zur Wachablösung, die dort um Punkt 12 Uhr stattfindet.

Im **Amalienborg Museum** 37 (www.rosenborgslot.dk, Jan.–April Di–So 11–16, Mai–Okt. tgl. 10–16, Nov.–Mitte Dez. Di–So 11–16 Uhr) im *Christian VIII. Palæ*, dem nordwestlichen der vier Palais, können mehrere aus der Zeit zwischen 1863 und 1947 stammende Privatgemächer des Königshauses besichtigt werden.

Die Frederiksgade führt vom Schloss direkt auf den meist *Marmorkirke* genannten mächtigen Kuppelbau der **Frederikskirke** 38 (Frederiksgade 4, www.marmorkirken.dk, Mo/Di/Do 10–17, Mi bis 18, Fr–So 12–17 Uhr) zu. Unter König Frederik V. war der Bau bereits 1740 entworfen und 1749 begonnen worden. Drastische Kostensteigerungen u. a. wegen des verwendeten teuren norwegischen Marmors, bewirkten jedoch nach 30 Jahren einen Baustopp. Erst 1894 konnten die Kuppel (Durchmesser 33 m) und der Innenraum fertig gestellt werden. Letzterer ist mit zahlreichen Statuen und Marmorsäulen geschmückt, im Chorraum verdient ein aus Elfenbein geschnitztes Kruzifix besondere Beachtung.

Vorbei an den golden schimmernden Zwiebeltürmen der russisch-orthodoxen **Alexander Newsky Kirke** 39 (1881–83), einer Stiftung des russischen Zaren Alexander III., geht es weiter nach Norden. An der Bredgade 68 befindet sich das **Kunstindustrimuseet** 40 (Tel. 33 18 56 56, www.kunstindustrimuseet.dk, Di–So 11–17 Uhr, bei Sonderausstellungen ab 10 Uhr). Es präsentiert Kunstgewerbe aus verschiedenen Kulturkreisen, etwa Europa, Japan oder China, und aus verschiedenen Epochen vom Mittelalter bis zur Moderne aus. Ein Sammlungsschwerpunkt ist der Ausstattung von Wohnräumen gewidmet.

Wiederum nördlich davon liegt das 1662–65 mit Schanzen und Wassergräben erbaute **Kastellet** 41. Ein Teil der fünfeckigen Anlage wird noch immer vom Militär genutzt, ansonsten ist das sorgfältig restaurierte Areal mit einer kleinen dekorativen Windmühle auf dem ehem. Verteidigungswall als Park für flanierende Kopenhagener fest in ziviler Hand. Im Süden dieses **Churchillparken** 42 (tgl. 6 Uhr bis Sonnenuntergang) befindet sich der schlichte Ziegelbau des **Frihedsmuseet** 43 (Churchillparken, Mai–Mitte Sept. Di–Sa 10–16, So bis 17, sonst Di–Sa 10–15, So bis 16 Uhr, www.frihedsmuseet.dk). Das Museum dokumentiert den dänischen Widerstandskampf während der deutschen Besatzungszeit 1940–45. Die kraftstrotzenden, Wasser speienden Statuen des nahen **Gefion Springvandet** 44 schuf Anders Bundgaard 1897–1908. Sie stellen die Sage dar, nach der die Göttin Gefion mithilfe von vier Stieren die Insel Seeland aus schwedischer Erde herauspflügte.

In unmittelbarer Nähe verlaufen die Kaimauern des **Inderhavn** 45, an denen im Jahr etwa 200 Kreuzfahrtschiffe anlegen. Bei einem Bummel entlang der Uferpromenade *Langelinie* übersieht man fast die eigentlich unscheinbare und doch meistfotografierte Statue in ganz Skandinavien, **Den Lille Havfrue** 46. Die Kleine Meerjungfrau, eine 1913 von Edvard Eriksen nach einer literarischen Schöpfung von Hans Christian Andersen geschaffene Bronzefigur, blickt von einem wasserumspülten Felsen vor der Hafeneinfahrt etwas melancholisch aufs Meer hinaus. Sie scheint auf die Rückkehr des geliebten Prinzen zu warten, mit dem sie doch nicht leben kann, weil sie ein Geschöpf der See ist.

Land und Meer gleichermaßen verbunden ist Dänemarks Wahrzeichen Den Lille Havfrue, die Statue der kleinen Meerjungfrau

Parks und Museen im Nordwesten

Die einstigen Wassergräben der mittelalterlichen Wallanlagen von Kopenhagen ziehen sich vom Kastell in weitem Bogen südwärts bis zum Tivoli. Sie sind längst ›entmilitarisiert‹ und zu seenreichen Parkanlagen umgestaltet. In der *Østre Anlæg* findet man im klassizistischen Gebäude der **Hirschsprungske Samling** 47 (Stockholmsgade 20, Mi–Mo 11–16 Uhr, www.hirschsprung.dk) eines der ansprechendsten Kunstmuseen der Hauptstadt. In großen lichten Räumen gibt die einst private Kunstsammlung des Zigarettenfabrikanten Heinrich Hirschsprung (1836–1908) einen hervorragenden Überblick über die dänische Malerei des 19. Jh. Vertreten sind u. a. Christoffer Wilhelm Eckersberg sowie Peter Severin Krøyer und weitere Skagenmaler [s. S. 122].

Ebenfalls in der Østre Anlæg liegt am Ufer eines Teiches das säulenumgebene **Statens Museum for Kunst** 48 (Sølvgade 48–50, Tel. 33 74 84 94, www.smk.dk, Di–So 10–17, Mi bis 20 Uhr). Dänemarks größtes Kunstmuseum birgt eine nicht nur in Skandinavien einmalige Sammlung von rund 300 000 Zeichnungen, Radierungen und Stichen, darunter Arbeiten von Dürer, Picasso und Giacometti. Im Mittelpunkt steht die von Vilhelm Dahlerup im italienischen Renaissancestil entworfene, 1889–96 entstandene Königliche Gemäldegalerie. Nachdem deren großzügige Räume nicht mehr ausreichten, wurde ein moderner Flügel angebaut und 1998 eingeweiht. Ein Rundgang führt von den italienischen Meistern, darunter Tizian, Tintoretto, Tiepolo und Mantegna, über niederländische und flämische Werke, u. a. von Rubens, Brueghel d. Ä., Frans Hals oder Rembrandt, bis zu Bildern des Deutschen Lucas Cranach. Für die Kunst des 19. und 20. Jh. stehen Arbeiten von Matisse, Picasso oder Nolde. Das angeschlossene Kinder-Kunst-Museum *Børnenes Kunstmuseum* eröffnet den Jüngeren

Zu Beginn des 17. Jh. ließ König Christian IV. Rosenborg Slot als ›Lusthäuschen‹ bauen

auch anhand von Workshops Erfahrung mit und Freude an der künstlerischen Betätigung.

Südlich der Sølvgade schließt sich an die Østre Anlæg die etwa 10 ha große, grüne Oase des **Botanisk Have & Museum** 49 (Øster Farimagsgade 28, www.botanic-garden.ku.dk, Mai–Sept. tgl. 8.30–18, Okt.–April Di–So 8.30–16 Uhr, Gewächshäuser frühere Schließzeiten) an. Zwischen den Rabatten und Rasenflächen des 1874 angelegten Botanischen Gartens gedeihen unter großen gläsernen Kuppeln Palmen und Kakteen.

Das **Arbejdermuseet** 50 (Rømersgade 22, tgl. 10–16 Uhr, www.arbejdermuseet.dk) nahe der Gothersgade belegt, dass Dänemarks Hauptstadt nicht nur von Königen erbaut wurde. Das lebendig gestaltete Museum beschreibt die Kulturgeschichte der Arbeiterbewegung Kopenhagens seit 1870.

Dagegen erzählt der 1606 aus Backstein begonnene Renaissancebau TOP TIPP des nahen **Rosenborg Slot** 51 (Øster Voldgade 4 A, Tel. 33 15 32 86,

Die Krone für das dänische Königreich, zu sehen in Rosenborg Slot

Wie in einem Märchen aus 1001 Nacht kann man sich im festlich illuminierten Tivoli fühlen

www.rosenborgslot.dk, Jan.–April Di–So 11–16, Mai–Okt. tgl. 10–16, Nov.–Mitte Dez. Di–So 11–14 Uhr) wieder von Blaublütigen. Das Schloss ist von *Kongens Have* umgeben, einem wunderschönen, ebenfalls 1606 angelegten Park. Mit seinem grün patinierten Dach, dem geschweiften Giebel und den verspielten Vierecktürmen wirkt es geradezu märchenhaft. In den mit prächtigen Deckengemälden, Gobelins und kostbaren Stilmöbeln ausgestalteten Räumen sind die Kronjuwelen und weitere Schätze des dänischen Königshauses seit 1500 ausgestellt.

Ein Abstecher führt zum **Danske Filmmuseum & Cinematek** 52 (Gothersgade 55, www.dfi.dk, Di/Do 12–19, Mi/Fr 12–16 Uhr). Im offiziellen dänischen Filmarchiv lagern mehr als 16 000 Streifen, 48 000 Film- und TV-Publikationen sowie fast 2 Mio. auch internationale Fotografien. Ausstellungen und Vorführungen historischer Streifen unterstreichen die lange und erfolgreiche Filmgeschichte Dänemarks, die von Asta Nielsen und Valdemar Psilander bis zu Bille August und Lars von Trier reicht.

Tivoli und Vesterbro

TOP TIPP Durchschnittlich 4 Mio. Gäste besuchen jedes Jahr den **Tivoli** 53 (Vesterbrogade 3, Tel. 33 15 10 01, www.tivoli.dk, Mitte April–Ende Sept. sowie in der Weihnachtszeit Mitte Nov.–Ende Dez. tgl. 11–23 Uhr, Fr/Sa bis 24 Uhr). Der nostalgische Märchen- und Vergnügungspark wurde bereits 1843 eröffnet, erfreut sich aber dank Harlekin, Pierrot und Kolumbine im alten Pantomimentheater, dank Tivoli-Garde und Fahrgeschäften bis heute ungebrochener Beliebtheit. Seit April 2006 ist sogar das höchste Kettenkarrussel der Welt im Tivoli beheimatet.

Nicht weit vom Hauptbahnhof Kopenhagens ragt unmittelbar am Skt. Jørgens Sø das moderne **Tycho Brahe Planetarium** 54 (Gammel Kongevej 10, Do–Di 10.30–20.30, Mi 9.30–20.30 Uhr, www.tycho.dk) 38 m hoch auf. Der zylinderförmige Bau ist nach dem dänischen Astronomen Tycho Brahe (1546–1601) benannt, dessen Leben und Werk Thema einer Ausstellung ist. Andere Abteilungen dokumentieren die Geschichte der Astronomie und der Raumfahrt. An der Decke des Planetariums bildet ein computerge-

Mutter der Vergnügungsparks

Der in Algier geborene, welterfahrene dänische Kaufmann und Zeitungsverleger **Georg Carstensen** (1812– 1857) war mit König Christian VIII. einer Meinung: »Wenn das Volk sich amüsiert, politisiert es nicht«. 1843 gestattete der Monarch Carstensen den Bau eines 8 ha großen Festplatzes vor den Mauern Kopenhagens mit festen Theatern, Rutschen und Karussells – der **Tivoli** war geboren. Der Name des ältesten bestehenden Vergnügungspark der Welt geht auf die römische Vorstadt Tivoli zurück, die für ihre kunstvollen Wasserspiele bekannt war.

Längst kommt dem heute inmitten der Stadt gelegenen Tivoli der Status eines dänischen **Nationalsymbols** zu. Rund 4 Mio. Besucher erfreuen sich im Sommerhalbjahr und beim Weihnachtsmarkt am Jahresende an der altmodisch gemütlichen, fantasievollen Unterhaltungsmixtur, die noch ganz ohne virtuelle High-Tech-Erlebniswelten auskommt. Ausländische Urlauber und Dänen genießen gleichermaßen Achterbahnen, Spielarkaden, Riesenrad und Karussells wie die ›Wilden Schwäne‹ oder den ›Fliegenden Koffer‹. Sie ergötzen sich an orientalischen Tanzpavillons und Theatern, darunter eine der Commedia dell'Arte nachempfundene Pantomimenbühne, spazieren durch kunstvoll gestaltete Gartenanlagen, rudern über einen See, genießen Konzerte oder lassen es sich in einem von insgesamt 28 Restaurants aller Geschmacksrichtungen und jeden Preisniveaus schmecken.

Zur abendlichen Dämmerstunde schaffen **110 000 Glühbirnen** – Neonlampen sind bis heute verpönt – eine romantische Atmosphäre. Mittwochs und samstags lohnt es sich besonders, den Besuch bis Mitternacht auszudehnen, wenn ein farbenprächtiges **Feuerwerk** den Himmel über dem Tivoli erleuchtet.

steuerter Projektor unsere Milchstraße und andere Universen des Weltalls ab. Das angeschlossene *IMAX-Kino* zeigt auf einer Großleinwand spektakuläre Filme zu Natur und Technik.

Nicht weit entfernt lohnt das **Københavns Bymuseum** 55 (Vesterbrogade 59, Tel. 33 21 07 72, www.bymuseum.dk, Do–Mo 10–16, Mi 10–21 Uhr) einen Besuch. Hier erhält man anhand von Modellen, Bildern und Geräuschdokumenten einen Einblick in die Geschichte der Stadt. Eine lebendige Vorstellung vom Kopenhagen des 19. Jh. vermittelt die Museumsgasse *Absalonsgade* mit Originalhäusern, Kopfsteinpflaster und Gaslaternen.

Kopenhagen im Kleinformat ist eine der Attraktionen des Københavns Bymuseum

Das stadtgeschichtliche Museum liegt an der Grenze zum Kopenhagener Viertel **Vesterbro** 56, das mit seinen schmuddeligen Wohnquartieren und halbseidenen Etablissements lange Zeit als Hinterhof der Stadt galt. Inzwischen wurde grundlegend saniert und es sind hier schicke Apartments entstanden, Galerien und Szene-Kneipen siedelten sich an. Auch in den aufwendig restaurierten *Øksnehallen*, ehem. Schlachthallen am kreisrunden Halmtorvet, finden inzwischen Konzerte, Ausstellungen, Filmnächte und Theater-Happenings statt.

Am westlichen Stadtrand liegt die 1847 gegründete Brauerei **Carlsberg Bryggerierne** 57 (Gamle Carlsberg Vej 11, Tel. 33 27 13 14, www.visitcarlsberg.dk, Di–So 10–16 Uhr). Das Eingangsportal zum Werksgelände zieren 5 m hohe indische Elefanten aus Granit. Die mehr als 20 Gebäude der Brauerei vom Ende des 19. Jh. sind als Nationales Industriedenkmal geschützt. In einer der früheren Abfüllhallen wurde ein *Besucherzentrum* eingerichtet, das u. a. Dokumentationen zur Geschichte der Brauerei und der Bierproduktion präsentiert.

Das benachbarte *Frederiksberg* ist kein Stadtteil Kopenhagens, sondern eine eigenständige Gemeinde, doch zählt der hiesige **Zoologisk Have** 58 (Roskildevej 32, Sept. Mo–Fr 9–17, Sa/So bis 18, Okt. tgl. 9–17, Nov.–Febr. tgl. 9–16, März Mo–Fr 9–16, Sa/So 9–17, April–Mai Mo–Fr 9–17, Sa/So bis 18, Juni–Aug. tgl. 9–18 Uhr, www.zoo.dk) noch zur Hauptstadt. Der 1859 gegründete Zoo gilt als einer der schönsten Europas. Gehege und Anlagen, die den natürlichen Lebensräumen nachgestaltet sind, beheimaten mehr als 3300 Tiere aller Erdteile.

Brückenviertel

Jenseits der Wasserflächen des Sortedams Sø und des Peblinge Sø liegen die ›Brückenviertel‹ *Nørrebro* und *Østerbro*. Besonders der ehem. Arbeiterstadtteil **Nørrebro** 59 ist einen Bummel wert. Hier findet man neben günstigen Restaurants mit internationaler Küche auch einige Musikklubs, der *Skt. Hans Torv* ist für seine Second-Hand Läden bekannt und die *Ravnsborggade* ist mit kleinen Läden voller Antiquitäten und Kuriositäten geradezu gespickt.

Auf dem parkähnlichen Friedhof **Assistens Kirkegård** 60 (Kapelvej 2, Sonnenaufgang bis -untergang) im Herzen von Nørrebro kann man die Gräber einiger der berühmtesten Dänen besichtigen, darunter die des Physikers Niels Bohr, des Philosophen Søren Kierkegaard, des Malers Christoffer Wilhelm Eckersberg oder der Dichter Hans Christian Andersen und Martin Andersen Nexø.

Prächtig ist die Carlsberg Bryggerierne, wie es sich für eine Brauerei von Weltrang gehört

Nüchterner Grabstein für den fantasievollen Schriftsteller Hans Christian Andersen auf dem Assistens Kirkegård

Ausflüge nach Norden

Am südlichen Rand des Nobelvorortes **Hellerup** öffnete in einer früheren Abfüllhalle der Tuborg Brauerei 1991 ein bemerkenswertes Museum für Wissenschaft und Technik seine Pforten. Nicht nur für Kinder ist es spannend, im **Experimentarium** (Tuborg Havnevej 7, Mo und Mi–Fr 9.30–17, Di bis 21, Sa/So 11–17 Uhr www.experimentarium.dk) mit fast 300 spielerischen Experimenten Antworten auf naturwissenschaftliche und technische Fragen zu finden.

Etwas nördlich von Bispebjerg, einem weiteren Vorort, schwimmen im weitläufigen Park um das nicht zugängliche Barockschlösschen **Charlottenlund** (erbaut 1730–33) mehr als 3000 verschiedene Bewohner der Nord- und Ostsee sowie Fische und Kriechtiere aus tropischen Regionen in den etwa 90 Bassins des **Danmarks Akvarium** (Kavalergården 1, Mitte Febr.–April tgl. 10–17, Mai–Aug. 10–18, Sept.–Okt. 10–17, Nov.–Jan. 10–16 Uhr, www.akvarium.dk)

In Klampenborg, dem nächsten Vorort in Richtung Norden, befindet sich die nach dem Tivoli meistbesuchte Attraktion Dänemarks, der **Bakken** (Mitte April–Mitte Sept. tgl. 14–24, Ende Juni–Mitte Aug. 12–24 Uhr, www.bakken.dk). Achterbahnen, Riesenräder, Restaurants bilden hier eine Mischung, wie sie dänischer nicht sein könnte – 2,5 Mio. Besucher jährlich können nicht irren!

Ausflüge nach Süden

Das malerische Fischer- und Fährstädtchen **Dragør** südlich des Flughafens Kastrup ist bei Seglern bekannt, die auf dem Weg nach Kopenhagen hier einen letzten Stopp einlegen. Große Teile des gemütlichen Ortskerns aus dem 17. und 18. Jh. stehen unter Denkmalschutz. Das **Dragør Museet** (Havnepladsen, Mai–Sept. tgl. 14–17 Uhr) in einem alten Fischerhaus gibt einen Überblick über die Seefahrertradition des Ortes und die früher prosperierende Heringsfischerei.

Kunstinteressierte scheuen nicht den kurzen Ausflug nach **Ishøj** am Beginn der Køge-Bucht, denn hier steht seit 1996 das **Museet for Moderne Kunst – Arken** (Skovvej 100, Di, Do–So 10–17, Mi bis 21 Uhr, www.arken.dk) in den Dünen, das neben Malerei vor allem Architektur und Bildhauerei des 20. Jh. ausstellt. Schon der futuristische Museumsbau des Architekten Søren Robert Lund aus Stahl und hellem Beton, der an einen Schiffsbug erinnert, stimmt Besucher auf die avantgardistischen Kunstexponate in seinem Inneren ein. Bei entsprechender Witterung lässt sich das Kunsterlebnis mit einem Sonnenbad an den weiten Stränden der **Køge-Bucht** oder einem Sprung ins kühle Nass der beliebten ›Badewanne‹ Kopenhagens abschließen.

i Praktische Hinweise

Information

Wonderful Copenhagen Tourist Information, Vesterbrogade 4A, Kopenhagen, gegenüber vom Haupteingang Tivoli, Tel. 70 22 24 42, Fax 70 22 24 52, www.visitcopenhagen.dk. Der *Hotel Booking Service* der Tourist Information arrangiert Zimmer im Voraus.

Flughafen

Der internationale **Airport Kastrup** (www.cph.dk) liegt knapp 12 km südlich des Stadtzentrums auf der Insel Amager. Mit der U-Bahn sind Reisende in 12 Min. im Stadtzentrum. Auskünfte zu Abflugzeiten bei den Fluggesellschaften.

Öffentliche Verkehrsmittel

Die **Copenhagen Card** kann man für 1–3 Tage bei der Tourist Information oder den Verkaufsstellen der dänischen Staatsbahnen DSB lösen. Sie berechtigt zu beliebig vielen Fahrten mit öffentlichen Verkehrsmitteln im gesamten Hauptstadtbereich, gilt als Eintrittskarte für mehrere Museen und ermöglicht Rabatte bei zahlreichen Fähren, Mietwagenfirmen sowie verschiedenen touristischen Attraktionen.

Das öffentliche Nahverkehrssystem der Hauptstadt ist mit **Bussen**, **S-Bahn** und einer **U-Bahn** dicht ausgebaut und erschließt fast die Hälfte der Insel Seeland. Die Metro verkehrt rund um die Uhr, ab dem Rathausplatz fahren **Nachtbusse**. Informationen zur Bahn, Tel. 70 13 14 15, www.dsb.dk, zu den Bussen, Tel. 36 13 14 15, www.ht.dk, zur U-Bahn, Tel. 33 11 17 00, www.m.dk.

Während der Sommermonate stehen an etwa 150 zentralen Stellen der Innenstadt mehr als 2000 **Fahrräder** bereit, die man mit einem 20-DKK-Stück auslösen kann. Stellt man das Fahrrad an einem Depot wieder ab, erhält man sein Geld zurück. Die Benutzung kostet nichts.

Fähren

Bornholmstrafikken, Tel. 56 95 18 66, www.bornholmstrafikken.dk. Ziel: Rønne/Bornholm. Ein Bus bringt Reisende von der Haltestelle beim Tivoli nach Ystad in Schweden, von wo die Fähre nach Bornholm fährt.

DFDS Skandinavian Seaways, Tel. 33 42 30 00, Fax 33 42 30 11. Ziele: Oslo/Norwegen und Helsingborg/Schweden

Polferries, Tel. 33 11 46 45, Fax 33 11 95 78, www.polferries.pl. Ziel: Swinoujscie/Polen

Stadttouren

Paaske Bus, Tel. 32 66 00 00, www.sightseeing.dk bietet **Stadtrundfahrten** mit dem Bus (Ende Mai–Mitte Sept. Start 13 Uhr am Rathausplatz). Sie dauern etwa 90 Min., mit Besichtigung der Carlsberg Brauerei (Mo–Fr möglich) eine Stunde länger. Eine 2-stündige Kombitour mit Bus und Schiff beginnt an gleichem Ort und zu gleicher Zeit.

Canal Tours, Tel. 33 42 33 20, auch als Hop on-Hop off, oder **Nettobådene**, Tel. 32 54 41 02, bieten 1-stündige **Hafen- und Kanalrundfahrten** ab Nyhavn, Kongens Nytorv sowie ab dem Anleger von Gammel Strand (April–Okt. tgl. 10–17 Uhr, alle 30–60 Min.).

Einkaufen

In der Fußgängerzone Strøget und den benachbarten Straßen von Stræderne befinden sich exklusive Geschäfte.

Bang & Olufsen, Nygade 1–3, Kopenhagen, Tel. 33 32 18 01. Hochwertige HiFi-Anlagen und TV-Geräte.

Bitte Kai Rand, Lille Strandstræde 22, Kopenhagen, Tel. 33 11 99 30. Trendboutique östlich vom Kongens Nytorv.

Georg Jensen, Amagertorv 4, Kopenhagen, Tel. 33 11 40 80. Exklusiver Silberschmied.

Munthe plus Simonsen, Grønnegade 10, Kopenhagen,Tel. 33 32 03 12. Mode für die Dame.

Ravhuset – House of Amber, Kongens Nytorv 2, Kopenhagen, Tel. 33 11 67 00. Spezialgeschäft für Bernsteinschmuck.

Royal Copenhagen, Amagertorv 6, Kopenhagen,Tel. 33 13 71 81. Porzellan aus königlicher Manufaktur, außerdem Glaskreationen der Holmegaards Glasværker.

W. Ø. Larsen, Amagertorv 9, Kopenhagen, Tel. 33 12 20 50. Der ultimative Pfeifen- und Tabakladen.

Bredgade und Ravnsborggade in Nørrebro sind bekannt für ihre Antiquitätengeschäfte. Das Latinerviertel um die alte

Eine ruhige Hand haben die Gestalterinnen der Royal Copenhagen Porzellanmanufaktur

Dezenten Luxus verrät die Lobby des noblen Hotels Phoenix Copenhagen

Universität beim Frue Plads bietet Second-Hand-Läden und Buchhandlungen.

Axel Music, Axeltorv 2, Kopenhagen, im Scala Center, Tel. 33 14 05 50. Gut sortierter CD- und DVD-Shop nördlich vom Tivoli, der auch eine Filiale im Hauptbahnhof unterhält.

Fantask, Skt. Peders Stræde 18 und 35, Kopenhagen, Tel. 33 11 85 38. Für viele der bestsortierte Comic- und Science-Fiction-Laden der Stadt.

Sømods Bolcher, Nørregade 24 u. 36, Kopenhagen, Tel. 33 12 60 46. Bonbonmanufaktur, in der man bei der Fabrikation zusehen und die süßen Köstlichkeiten kaufen kann.

Det Blå Pakhus (Holmsbladsgade 113, Sa/So 10–17 Uhr) sowie **Gammel Strand** (Fr/Sa 9–16 Uhr) sind zwei besuchenswerte Antiquitäten- und Flohmärkte.

Nachtleben

Bakken, Dyrehavevej 62, Klampenborg, Tel. 39 63 35 44, www.bakken.dk. Volkstümlicher Vergnügungspark mit Buden, Karussells, Restaurants und Disko am nördlichen Stadtrand von Kopenhagen im Wald von Dyrehavsbakken (Mitte April–Mitte Sept. tgl. 14–24, Ende Juni–Mitte Aug. 12–24 Uhr).

Copenhagen Jazz House, Niels Hemmingsen Gade 10, Kopenhagen, Tel. 33 15 26 00, www.jazzhouse.dk. Guter Jazz, teils live, Sa/So ab Mitternacht Disko auch mit Rock und Pop (Mo geschl.).

Emma, Lille Kongensgade 16, Tel. 33 11 20 20, Do–Sa 23–5 Uhr. Angesagte Disco mit Lounge und Cocktailbar.

Kongelige Teater, Kongens Nytorv, Kopenhagen, Tel. 33 69 69 69, www.kgl-teater.dk. Aufführungen von Dramen und Konzerten sowie des Ballettensembles. Reduzierte Restkarten für Aufführungen am gleichen Abend gibt es am Nørreport Kiosk (Mo–Fr 12–19 und Sa 12–15 Uhr), Ecke Fiolstræde/Nørre Voldgade gegenüber der S-Bahn.

Operahus, Ekvipagemestervej 10, Kartentel. 33 69 69 69, www.operahus.dk. Oper- und Ballettaufführungen.

La Fontaine, Kompagnistræde, Kopenhagen, Tel. 33 11 60 98, www.lafontaine.dk. Seit 50 Jahren Jazz und Blues (Di–Sa 20 Uhr bis zum nächsten Morgen).

Rust, Guldbergsgade 8, Kopenhagen, Tel. 35 24 52 00. Hot Spot im ›Brückenviertel‹ Nørrebro mit zwei Dancefloors, Lounge und Cocktailbar.

Tivoli, Vesterbrogade 3, Kopenhagen, Tel. 33 15 10 01, www.tivoli.dk. Diverse Fahrgeschäfte und Restaurants, Freiluftbühne für Konzerte, Pantomimetheater und Konzertsaal. Mit der beliebten Diskothek Montra bietet der Tivoli auch abends ein umfassendes Programm (Mitte April–Ende Sept. sowie Mitte Nov.– Ende Dez. tgl. 11–23, Fr/Sa bis 24 Uhr.

Hotels

****__Copenhagen Admiral__, Toldbodgade 24–28, Kopenhagen, Tel. 33 74 14 14, Fax 33 74 14 16, www.admiralhotel.dk.

Heiße Musik für coole Nachtschwärmer wird im Copenhagen Jazz House geboten

Mächtiges umgebautes Lagerhaus von 1787 direkt am Hafen. Urige Zimmer mit Blick auf den Schiffs- und Fährverkehr.

TOP TIPP ****Phoenix Copenhagen**, Bredgade 37, Kopenhagen, Tel. 33 95 95 00, Fax 33 33 98 33, www.phoenixcopenhagen.dk. Elegante Herberge in restauriertem königlichen Gästehaus aus dem 17. Jh. Ein Großteil der 213 Zimmer und Suiten sind nobel im Stil Louis XVI. eingerichtet. Gepflegte dänisch-französische Küche erwartet die Gäste im Restaurant *Von Plessen*.

****Island**, Kalvebodbrygge 53, Kopenhagen, Tel. 33 38 96 00, Fax 33 38 96 01, www.copenhagenisland.com. Neues, zentral gelegenes Designer-Hotel direkt am umgestalteten Hafenkanal. Das moderne Restaurant *Harbour* mit seiner Glasfront bietet einen schönen Blick über den Kopenhagener Hafen.

***Absalon Hotel**, Helgolandsgade 15, Kopenhagen,Tel. 33 24 22 11, Fax 33 24 34 11, www.absalon-hotel.dk. Gepflegte Zimmer und gutes Frühstücksbuffet in Bahnhofsnähe. Nebenan liegt das 1-Stern-Schwesterhaus *Absalon Annex*.

Sømandshjemmet Bethel, Nyhavn 22, Kopenhagen, Tel. 33 13 03 70, Fax 33 15 85 70, www.hotel-bethel.dk. Schlicht und ordentlich in hervorragender Lage.

*Copenhagen Danhostel Bellahøj**, Herbergvejen 8, Brønshøj, Tel. 38 28 97 15, Fax 38 89 02 10, www.youth-hostel.dk. Große Jugendherberge am Stadtrand.

Bars und Cafés

Bacchus Vinbar, Victoriagade 8, B&C, 1655, Kopenhagen, Tel. 33 22 67 97. Kellerlokal mit langer Weinkarte. Dazu gibt es leckere Kleinigkeiten wie eine köstliche Bouillabaisse.

Cafeen i Nikolaj, Nikolaj Plads 12, Christiansborg, Tel. 70 26 64 64, Mo–Sa 11.30–17 Uhr. Munteres Café mit guten Snacks, frischen Salaten und Heringsspezialitäten.

Café & Ølhalle 1892, Rømersgade 22, Kopenhagen, Tel. 33 33 00 47. Kaffee, Bier und dänische Traditionskost im Restaurant des Arbeitermuseums.

Café Sommersko, Kronprinsengade 6, Kopenhagen, Tel. 33 14 81 89. Beliebt dank umfangreicher Speisekarte für Frühstück und Snacks (Mo–Do 9–1, Fr/Sa bis 2, So 10–1 Uhr).

Icebar, Løngangstræde 27, Kopenhagen, Tel. 70 27 56 27, www.hotel27.dk/icebar. Die ›coolste‹ Bar der Stadt, ganz aus Eis. Hier kann man bei Minusgraden bunte Wodka-Cocktails genießen.

Library Bar, im Plaza Hotel, Bernstorffgade 4, Kopenhagen, Tel. 33 14 92 62. Die Wände der Traditionsbar von 1913 sind mit Buchregalen und Gemälden geschmückt.

Nyhavn 17, Nyhavn 17, Kopenhagen, Tel. 33 12 54 19. Fröhlicher Hang-out von 10 Uhr morgens bis spät in die Nacht. Im Sommer mit Plätzen im Freien.

The Rock, Skindergade 45, Kopenhagen, Tel. 33 91 39 13. Designer-Disco im Retro-Look (Do–Sa 20–6 Uhr).

Restaurants

Formel B, Vesterbrogade 182, Kopenhagen, Tel. 33 25 10 66. Kreative dänisch-französische Menüs, am Rande des Zentrums (So geschl.).

Ida Davidsen, Store Kongensgade 70, Kopenhagen, Tel. 33 91 36 55. *Das* Smørrebrød-Bistro mit 220 Varianten des dänischen Imbissklassikers, von schlicht bis luxuriös (Mo–Fr 10–16 Uhr, Juli geschl.).

TOP TIPP **Kong Hans Kælder**, Vingaardstræde 6, Kopenhagen, Tel. 33 11 68 68, www.konghans.dk. Spitzenrestaurant mit entspannter Atmosphäre in einem 500 Jahre alten Gewölbe nahe dem Königlichen Theater. Die Küche zaubert superbe Fisch- und Fleischgerichte (nur Abendessen, So geschl.).

Krogs Fiskerestaurant, Gammel Strand 38, Kopenhagen, Tel. 33 15 89 15. Ausgezeichnetes Fischrestaurant bei der Schlosskirche.

Le Sommelier, Bredgade 6365, Kopenhagen, Tel. 33 11 45 15. Französische Bistroküche und beste Weinauswahl nicht weit von Amalienborg.

Nyhavns Færgekro, Nyhavn 5, Kopenhagen, Tel. 33 15 15 88. Das populäre Speise- und Trinklokal am lebhaften Nyhavn Kanal ist bekannt für sein köstliches Heringsbuffet.

Noma, Strandgade 93, Kopenhagen, Tel. 32 96 32 97. Neue skandinavische Kreativküche in 250 Jahre altem Speicher im Nordatlantikhaus.

Riz Raz, Kompagnistræde 20, Kopenhagen, Tel. 33 15 05 75. Unkomplizierte Mittelmeerküche mit leckeren Salaten und sagenhaftem Mittags- und Abendsbuffet.

Søren K, Søren Kierkegaard Plads 1, Kopenhagen, Tel. 33 47 49 49. Trendlokal in der Königlichen Bibliothek, Küche Mo –Sa 12–24 Uhr, Espressobar tgl.

2 Roskilde

Wikingerhafen, Königslege und Kulisse für Europas größtes Rockfestival.

Bis ins 15. Jh. war das ›tausendjährige Roskilde‹ geistiges und weltliches Zentrum des dänischen Königreiches, Sitz des Bischofs und königliche Residenz. Heute leben 52 000 *Roskildenser* in der gemütlichen und munteren **Universitätsstadt**, die nichts Verstaubtes an sich hat. Schon von Weitem erkennt man die spitzen Doppeltürme des **Doms**, noch immer Mittelpunkt der Stadt am südlichen Ufer des tiefen zerklüfteten Roskilde Fjord.

Die gotische Domkirke ist zweifellos das überragende Bauwerk von Roskilde

Königlicher Prunk umgibt das Renaissance-Grab Christians IV. im Dom von Roskilde

Geschichte Im Jahr 980 verlegte König **Harald Blauzahn** seinen Hof von Jütland an die geschützte Meeresbucht. In der Nähe einiger heilkräftiger Quellen ließ er hier die wahrscheinlich erste christliche Kirche Dänemarks bauen. Valdemar der Große setzte 1158 in Roskilde seinen Ziehbruder und Freund **Absalon** als Landesbischof ein, der wenige Jahre später den Bau des Doms in Angriff nahm. Mehrere Jahrhunderte wurde Dänemark sowie lange Zeit auch Norwegen und Schweden von Roskilde aus regiert. Doch als 1416 Kopenhagen wegen seines leichter zugänglichen Hafens **Hauptstadt** wurde, stagnierte der Ort. Nach der **Reformation** 1536 und der Auflösung vieler Kirchen und Klöster ging die Bedeutung des seit seiner Gründung katholischen Roskilde weiter zurück. 1658 wurde im Dom der bittere Friedensvertrag mit Schweden besiegelt, bei dem Dänemark Schonen verlor, seine Stammlande östlich des Øresund.

Anschluss an die neue Zeit fand Roskilde erst wieder Mitte des 19. Jh., als die Eisenbahn die Stadt erreichte. Und nach dem Ausbau der Universität im 20. Jh. entwickelte es sich vollends zu einer seeländischen **Metropole**.

Als das berühmteste Gotteshaus des Landes gilt die 1170 auf den Grundrissen von drei Vorläuferkirchen begonnene **Domkirke** (Domkirkestræde 10, Tel. 46 35 16 24, www.roskildedomkirke.dk, April–Sept. Mo–Sa 9–17, So/Fei 12.30–17, Okt.–März Di–Sa 10–16, So/Fei 12.30–16 Uhr). Der Bau des Domes zog sich mehrere Jahrhunderte hin: Der nördliche Turm etwa nahm um 1400 Gestalt an, war aber erst 1636 mit der sich stark verjüngenden Turmspitze vollendet. Angelegt war der mächtige *Backsteinbau* als romanische Basilika mit Rundbögen und einem weit ausladenden Querschiff, doch bereits im Jahr 1200 wurde er mit spitzbögigen, sich zum Chor öffnenden Emporen gotisch überformt. Im Kirchenschiff setzt sich der Emporenbau mit kleinen Rundbögen fort.

TOP TIPP

Bekannt ist die Domkirke als **Grablege** der dänischen Könige. 38 gekrönte Häupter, von Margrete I. († 1412) bis Frederik IX. († 1972), sind hier in mehreren Seitenkapellen bzw. Anbauten bestattet. Die im Laufe der Jahrhunderte angebauten *Kapellen* mit den Königsgräbern spiegeln Baustil und Geschmack der jeweiligen Zeit wider. Die 1613–41 erbaute Kapelle von Christian IV. im Nordosten erscheint beispielsweise in dem opulenten, von ihm geliebten niederländischen Renaissancestil, während die daneben liegende Kapelle von Christian IX. von 1917 an eine byzantinische Kuppel erinnert. In der ausladenden *Dreikönigskapelle* an der Südseite von 1459 finden sich qualitätvolle Fresken mit biblischen Motiven und die sog. *Königssäule*. An ihr ließen viele Herrscher mit einer Kerbe ihre Körpergröße markieren, der russische Zar Peter der Große bei 207 cm, König Christian II. bei 164 cm. Im mit geschnitzten Figuren und Ornamenten reich geschmückten *Chorgestühl* von 1420 sind biblische Geschichten dargestellt, der üppig vergoldete, von Antwerpener Künstlern gestaltete *Flügelaltar* aus der Zeit um 1560 thematisiert das Leben Christi, von seiner Geburt bis zum Tod am Kreuz. Das *Orgelspiel* aus dem 16. Jh. gehört nach einer Restaurierung zu den bedeutendsten historischen Musikinstrumenten des Nordens – wöchentliche Sommerkonzerte finden stets ein großes Publikum.

Der **Absalonbogen**, ein aus dem beginnenden 13. Jh. stammender, gemauerter Kalksteinbogen, verbindet den Dom im Osten mit dem benachbarten **Palæ**, einst Bischofssitz, später königliche Herberge. Der heutige Bau mit seiner markanten gelben Fassade wurde ursprünglich 1733 als zeitweiliger königlicher Wohnsitz im Stil des Barock errichtet. Er enthält die **Palæsamlingerne** (Stændertorvet 3 A, Di–Fr 11–16, Sa/So 12–16 Uhr, Winter nur Sa/So, www.mfsk.dk), eine Sammlung von Möbeln und Porträts des

18. und 19. Jh. In einem anderen Trakt des Palais zeigt das **Museet for Samtidskunst** (Stændertorvet 3 E, Di–Fr 11–17, Sa/So 12–16 Uhr, www.mfsk.dk) Wechselausstellungen zeitgenössischer Kunst.

Das Palais ist nach Süden, zum Marktplatz **Stændertorvet** hin ausgerichtet. An dessen westlicher Seite erhebt sich das lang gestreckte neogotische Rathaus von 1880 mit einem Turm, der von der mittelalterlichen Laurentiuskirche aus dem 16. Jh. übrig geblieben ist. An dem Gebäude entlang verläuft die Fußgängerzone der **Skomagergade** nach Westen bis zur Ringstedgade. In der Ols Gade 15, einer Seitenstraße der Fußgängerzone, informiert die reiche Sammlung des **Roskilde Museum** (tgl. 11–16 Uhr, www.roskildemuseum.dk) über die Geschichte der Stadt seit ihrer Gründung im Mittelalter.

Im Norden der Stadt, am Ufer des Roskilde Fjord, findet man die weiträumigen **Vikingeskibshallen** (Strandengen, Tel. 46 30 02 00, www.vikingeskibsmuseet.dk, tgl. 10–17 Uhr). Sie wurden eigens für fünf Wikingerschiffe gebaut, die 1962 bei dem Ort Skudelev auf dem Grund der Wasserrinne entdeckt worden waren. Man vermutet, dass diese 12–28 m langen Handels-, Fischer- und Kriegsschiffe im 11. Jh. mit Absicht versenkt wurden, um die Einfahrt in den Fjord zu blockieren. Im Sommer kann man vom Museum aus mit nachgebauten Wikingerschiffen für 2 Std. in See stechen – vorausgesetzt man hat sich an der Kasse für dieses beliebte Vergnügen rechtzeitig angemeldet. Auf der benachbarten *Museumsinsel* werden Kopien alter Wikingerschiffe gebaut. Besucher können sich nach Lust und Laune an verschiedenen Handwerksarbeiten beteiligen.

Top Tipp

Wie einst ein Drachenschiff der Wikinger segelt heute das originalgetreu nachgebaute Museumsschiff der Vikingeskibshallen kühn durch den Roskilde Fjord

Gekonnt steuern Kindern einen Einbaum durch den Teich beim Lejre Forsøgscenter

Dänemarks Nachwuchs vor dem alten Rathaus von Aalborg

Rot-weißer Nationalstolz

Im Juli 1219 soll es gewesen sein, als dem Dänenkönig Valdemar II. in der Schlacht um Reval vom Himmel ein blutrotes Banner mit weißem Kreuz zuwehte. War das ein günstiges Zeichen, ein Symbol für die Hilfe Gottes? Jedenfalls nahmen es die dänischen Ritter und Reisige (berittene Söldner) sowie deren wendische Verbündete als solches – und siegten über die heidnischen Esten. Seit diesem Tag, so will es die Legende, gilt der **Danebrog** (broge = farbiges Tuch) den Dänen als Nationalflagge.

Nüchterne Geister vermuten den Ursprung der Fahne allerdings in den auffällig ähnlichen Bannern der mittelalterlichen Templer- und Johanniterorden. Heute fungiert der Danebrog als friedliches Symbol dänischen **Nationalstolzes**. In Tausenden dänischer Vorgärten wird er gehisst, um Nachbarn und die Sonne zu grüßen. Zwar hatten sich dänische Fußballfans die Gesichter rot-weiß bemalt und sangen nach dem über-raschenden Europameisterschaftsgewinn ihrer Nationalmannschaft 1992 gut gelaunt »We are red, we are white, we are danish dynamite«. Doch Großmachtträume hegt im heutigen Dänemark keiner mehr. Nur unterordnen wollen sich viele Dänen nicht, weder anderen Staaten noch der EU. Ihr Danebrog soll nicht niedriger wehen als andere Flaggen.

Top Tipp

Seit 1971 ist Roskilde Musikfans aus ganz Europa ein Begriff. Das Spitzenprogramm des **Roskilde Festival** (Havsteensvej 11, Tel. 46 36 66 13, Fax 46 32 14 99, www.roskilde-festival.dk) lockt jedes Jahr am letzten Juniwochenende von Donnerstag bis Sonntag um die 70 000 Zuschauer in die Stadt. Das Festival gilt als friedliches Großereignis, das Programm umfasst eine bunte Mischung aus traditionellem Rock und innovativer Musik von Free Jazz bis Rap.

Ausflüge

Das **Lejre Forsøgscenter** (Slagealléen 2, Lejre, Tel. 46 48 08 78, Mai–Sept. Di–Fr 10–16, Sa/So 11–17, Juli tgl. 10–17 Uhr, www.lejre-center.dk), 8 km westlich von Roskilde, ermöglicht eine Zeitreise von mehr als 2000 Jahren in die Vergangenheit. Nahe einem Opfermoor wurde dort ein eisenzeitliches Dorf rekonstruiert, das als *archäologisches Versuchszentrum* dient. Im Sommer erwacht die Siedlung zum Leben, zwischen den schilfgedeckten Hütten tummeln sich Handwerker und Haustiere, in historischen Gewändern betreiben sie Ackerbau und Fischerei wie zu Zeiten ihrer Vorväter.

i Praktische Hinweise

Information

Roskilde-Egnens Turistbureau, Gullandsstræde 15, Tel. 46 31 65 65, Fax 46 31 65 60, www.visitroskilde.com.

Schiff

Rederiet Sagafjord, Skt. Valbyvej 154, Roskilde, Tel. 46 75 64 60, www.sagafjord.dk. Von April bis Okt. läuft der altertümliche Ausflugsdampfer Sagafjord mit Buffet von Roskildes Hafen zu Fjord-Rundfahrten aus.

Camping

Roskilde Camping, Baunehøjvej 7, Veddelev, Tel. 46 75 79 96, Fax 46 75 44 26, www.roskildecamping.dk. Landschaftlich reizvoll am Fjord gelegener, sehr unebener Platz. Der schmale Strand kann mit zwei Badestegen und mehreren Liegewiesen aufwarten.

Hotels

******Hotel Prindsen**, Algade 13, Roskilde, Tel. 46 30 91 00, Fax 46 30 91 50, www.prindsen.dk. Das bereits im Jahr 1695 gegründete Hotel vereint modernen Komfort und gemütliche Atmosphäre.

Die Zimmer in der obersten Etage bieten Blick auf den Fjord. Das hoteleigene Restaurant *Brasserie* ist erstklassig.

***Danhostel Roskilde Vandrerhjem**, Vindeboder 7, Roskilde, Tel. 46 35 21 84, Fax 46 32 66 90, www.danhostel.dk/roskilde. Jugendherberge mit 40 Zimmern beim Hafen nahe der Wikingerschiffe.and.

Svogerslev Kro, Svogerslev Hovedgade 45, Roskilde, Tel. 46 38 30 05, www.svogerslevkro.dk. Gemütlicher Gasthof mit 18 Zimmern und gutem Restaurant.

Restaurants

TOP TIPP **Langtved Færgekro**, Munkholmsvej 138, 5 km südwestlich von Kirke Såby (westlich von Roskilde), Tel. 46 40 50 53, www.langtvedfaergekro.dk. Einsam gelegenes Landgasthaus mit viel gerühmter Spitzenküche (Mo/Di geschl.).

Raadhuskælderen, Stændertorvet, Fondens Bro 1, Roskilde, Tel. 46 36 01 00. Dänische und internationale Küche im Kellergewölbe des Rathauses. Sommers auch Terrassenplätze mit Blick auf den Dom (So geschl.).

Restaurant Toppen, Bymarken 37, Roskilde, Tel. 46 36 04 12. Die solide dänische Küche hat ihren Preis, doch den Blick vom Panoramarestaurant auf der Spitze eines 90 m hohen Wasserturms über die Stadt und den Fjord gibt es gratis dazu.

3 Helsingør

Hamletschloss und modernes Kunstmuseum an weißen Ostseestränden.

Der geschäftige Fährhafen der knapp 60 000 Einwohner zählenden Øresundstadt liegt im Schatten des weltberühmten Renaissanceschlosses Kronborg. Hier siedelte Shakespeare sein Drama des Dänenprinzen **Hamlet** an, der einerseits dem Geist des ermordeten Vaters versprach, dessen gewaltsamen Tod am Bruder zu rächen, doch andererseits von Skrupeln und Zweifeln bis zur Entscheidungsunfähigkeit geplagt wird.

1425 verfügte der dänische König Erik von Pommern, dass jedes durch den Sund passierende Schiff Zoll zu entrichten habe. Um dieser Forderung Nachdruck zu verleihen, wurde die kleine Burg *Krog*, die schon einige Jahre zuvor über dem Fischerstädtchen Helsingør erbaut worden war, als Sperrfestung ausgebaut. Ein umfangreicher Neubau unter Frederik II. in den Jahren 1574–85 sowie der Ausbau nach einem Brand 1626 unter Christian IV. ließen den heutigen vierflügeligen Renaissancebau **Kronborg Slot** (Mai–Sept. tgl. 10.30–17, April/Okt. Di–So 11–16, Nov.–März Di–So 11–15 Uhr, www.kronborg.dk) entstehen. Das gewaltige Burgschloss mit Sandsteinfassaden, Kupfer-

Wohl möglich, dass Hamlet einst in solch mondhellen Nächten durch Kronborg Slot irrte

dächern und -türmen um einen geschlossenen Innenhof wird von Wall und Graben eingefasst. Der Sundzoll musste übrigens noch bis 1857 entrichtet werden, eine einträgliche Geldquelle für Krone, Staat und für Helsingør, wo die Schiffe anlegten und meist auch Proviant aufnahmen.

Die *Schlosskapelle* mit ihren reichen Renaissanceschnitzereien im Südflügel gehört zu den ältesten erhaltenen Gebäudeteilen des Schlosses. Im 62 m langen Rittersaal des Nordflügels hängen noch sieben von einst 40 kostbaren *Kronborgtapeten* aus dem 16. Jh., flämische Gobelins mit dänischen Königsporträts. In den *Kasematten* unter dem Schloss zeigt eine mächtige sitzende Steinfigur die Ruhestätte des hier angeblich schlummernden sagenhaften Recken Holger Danske. Man sagt, sobald Dänemark in großer Gefahr schwebt, wird er aufwachen um das Land zu retten. Der Besuch von Kasematten und Kapelle können mit einem schönen Spaziergang über die Wallanlagen verbunden werden, auch ohne das übrige Schloss zu besichtigen.

Das **Handels- og Søfartsmuseum** (Tel. 49 21 06 85, Mai–Sept. tgl. 10.30–17, Okt.–April Di–So 11–15 Uhr, www.maritime-museum.dk) im Nordflügel des Schlosses beschreibt anhand zahlreicher Exponate, Modelle und Karten die Geschichte der dänischen Seefahrt und der überseeischen Besitzungen des Königreiches.

Von Schloss Kronborg durch ein ausgedehntes Werftgelände getrennt, sind in der Altstadt von Helsingør mit ihrem Schachbrettmuster von Fußgängerstraßen um die Stengade diverse schön restaurierte **Fachwerkhäuser** aus dem 16.–18. Jh. zu bewundern. Sehr stimmungsvoll ist ein Bummel vor allem entlang der kleinen Gammel Færgestræde, die sich zwischen der Strandgade im Süden und der Fußgängerzone um die Stengade erstreckt. Diverse Geschäfte für Alkoholisches aller Art erinnern daran, dass das schwedische Helsingborg und Schonen nur 25 Fährminuten entfernt sind. Da Alkohol dort noch teurer ist, nutzen viele durstige Schweden die Gelegenheit, sich in Dänemark vergleichsweise günstig einzudecken.

Die spätgotische **Skt. Olai Kirke** zwischen Skt. Olaigade und Stengade wurde 1480–1559 errichtet. Am Gemäuer des Backsteindoms kann man noch Überreste der romanischen Vorgängerkirche aus dem 13. Jh. ausmachen. Auch die Taufkapelle mit Gemälden von Joakim Skovgaard vom Beginn des 20. Jh. ist sehenswert.

In der Skt. Anngæde verbirgt sich ein früheres, um 1430 errichtetes Karmeliterkloster mit der **Skt. Mariæ Kirke**. Der einst einflussreiche Konvent wurde nach der Reformation in ein Hospital umgewandelt. Heute finden in dem von offenen Arkaden umgebenen Innenhof des gotischen Gebäudekomplexes Sommerkonzerte statt. 1660 kam übrigens der virtuose Organist und Komponist Dietrich Buxtehude (1637–1707) für acht Jahre nach Helsingør und spielte die prachtvolle Or-

In der kühleren Jahreszeit haben Wanderer den schönen Strand von Gilleleje oft für sich allein

Exponate und Besucher auf dem grünen Rasen im Garten des Kunstmuseums Louisiana

gel der Kirche, bevor er ins hansische Lübeck umzog.

In einer ehem. Eisengießerei zeigt das **Danmarks Tekniske Museum** (Fabriksvej 25, Tel. 49 22 26 11, Di–So 10–17 Uhr, www.tekniskmuseum.dk) wissenschaftliche und technische Errungenschaften der Neuzeit, darunter die ersten Flugzeuge im Königreich und das legendäre dänische Automobil *Hammelvognen* aus dem Jahr 1888 sowie eine komplette Zinnwerkstatt.

Humlebæk

Von Helsingør führt die bezaubernde Küstenstraße *Strandvejen* nach Süden, vorbei an den Villen der *dänischen Riviera*. In wenigen Auto- oder Bahnminuten ist das Städtchen Humlebæk erreicht, wo sich an der frei zugänglichen Küste beim **Museum Louisiana** (Gammel Strandvej 13, Tel. 49 19 07 19, www.louisiana.dk, Di–Fr 11–22, Sa/So 11–18 Uhr) nicht nur ein atemberaubender Blick über den Øresund nach Schweden bietet. Auch die Sammlung moderner Kunst sucht ihresgleichen. Der Käsefabrikant, Kaufmann und Kunstmäzen Knud Jensen (1916–2000) ließ 1958 auf einem großen Grundstück direkt am Wasser ein Herrenhaus von 1860 zu einem bemerkenswerten Museum umbauen – zur Erinnerung an seine drei Ehefrauen, die alle Louise geheißen hatten. Seit der Eröffnung wurde das Anwesen mehrfach um moderne Anbauten erweitert, passend zu den vielfältigen Exponaten. Henry Moore, Pablo Picasso, Andy Warhol, Roy Lichtenstein, Alberto Giacometti, Asger Jorn, Alexander Calder, Joseph Beuys, um nur einige Künstler zu nennen, sind mit Bildern und Plastiken reich vertreten.

TOP TIPP

Nur wenig weiter südlich liegt **Rungstedlund**, das Geburtshaus der Schriftstellerin Karen Baronesse Blixen-Finecke (1885–1962), die auch unter den Pseudonymen Tania Blixen und Isak Denison veröffentlichte. Seit 1991 ist der einstöckige ehem. Gasthof zum **Karen Blixen Museet** (Rungstedt Strandvej 111, Rungstedt Kyst, Mai–Sept. Di–So 10–17, Okt.–April Mi–Fr 11–16, Sa/So 11–16 Uhr, www.karenblixen.dk) umgestaltet. Tantiemen aus den mit großem Erfolg verfilmten Romanen *Jenseits von Afrika* und *Babettes Fest* aus den 80er-Jahren haben die Finanzierung ermöglicht. Originale Besitztümer und Fotografien beschreiben das aufregende Leben der weltgewandten Frau. Im Garten hinter dem Haus befindet sich ihr schlichtes Grab.

Strände im Norden

Die ca. 60 km lange Kattegatküste nordwestlich von Helsingør wandelt sich von einem dramatischen Stein- und Klippenufer zu einem schönen Sand- und Dünenstrand, immer wieder unterbrochen von einer Reihe malerischer Fischerdörfer, die heute auch vom Fremdenverkehr leben. Die teils von Steilufern, Wäldern oder Dünen begrenzten weiten hell- und feinsandigen Strände zwischen **Horn-**

bæk und **Gilleleje** nordwestlich von Helsingør gehören in den Sommermonaten zu den liebsten Wochenendzielen der Kopenhagener. Das nette Dörfchen Gilleleje mit seinem intakten Fischereihafen pflegt seit Ende des 19. Jh. seine Tradition als Sommerfrische. Heute nehmen Campingplätze und Ferienhäuser sowie kleine Hotels Ausflügler und Urlaubsgäste auf, die das ruhige Leben genießen.

i Praktische Hinweise

Information

Helsingør Turistbureau, Havnepladsen 3, Tel. 49 21 13 33, Fax 49 21 15 77, www.visithelsingor.dk. – Gilleleje Turistbureau, Gilleleje Hovedgade 6 F, Tel. 48 30 01 74, Fax 48 30 34 74, www.gilleleje-touristbureau.dk

Fähre

Fähren mehrerer Gesellschaften pendeln mehrmals pro Stunde in 25 Min. zwischen dem Terminal gegenüber dem Bahnhof von Helsingør und dem schwedischen Helsingborg über den Øresund.

Sport

Gilleleje Golfclub, Ferievej 52, Gilleleje, Tel. 49 71 80 56, www.gillelejegolfklub.dk. Der anspruchsvolle, wunderschön am Meer angelegte 18-Loch-Platz steht auch Tagesgästen offen.

Surfudlelejning, Drejervej 19, Hornbæk, Tel. 40 70 33 75. Gute Auswahl an Windsurfbrettern direkt am Sandstrand.

Camping

Dronningmølle Strandcamping, (zwischen Helsingør und Gilleleje), Tel. 49 71 92 90, Fax 49 71 98 93, www.dronningmolle.dk. Gut ausgestattete, familienfreundliche Anlage nahe Küstenstraße und Bahnlinie am bis zu 20 m breiten Strand.

Hotels

****Hotel Marienlyst**, Ndr. Strandvej 2, Helsingør, Tel. 49 21 40 00, Fax 49 21 49 00, www.marienlyst.dk. Das elegante Badehotel am Ostseestrand nördlich von Schloss Kronborg bietet angenehme Zimmer und Apartments. Für Abwechslung sorgen Aqua Park Badelandschaft und ein hauseigenes Kasino.

*__Helsingør Vandrerhjem__, Ndr. Strandvej 24, Helsingør Tel. 49 21 16 40, Fax 49 21 13 99, www.helsingorhostel.dk. Jugendherberge mit eigenem Strand nördlich des Stadtzentrums, für Einzelreisende und für Familien geeignet.

Restaurants

Anna Louise, Gilleleje Stationsvej 3 A, Gilleleje, Tel. 48 30 12 85. Feine dänisch-französische Küche, exzellente Hummergerichte.

Søstrene Olsen, Øresundsvej 10, Hornbæk, Tel. 49 70 05 50, www.sostreneolsen.dk. Gute Küche direkt am Hafenbecken (Di geschl., im Winter auch Mi).

4 Hillerød

Königliche Barock- und Renaissanceresidenzen künden von einstiger Macht.

Umgeben von den ausgedehnten Waldgebieten Gribskov und Store Dyrehavn, zwischen den beiden Seen Esrum-Søund Arresø liegt Hillerød im Herzen Nordseelands. Bedeutendstes Bauwerk des friedlichen Städtchens ist das Renaissanceschloss **Frederiksborg Slot** (Tel. 48 26 04 39, www.frederiksborgmuseet.dk, April–Okt. tgl. 10–17 Uhr, Nov.–März tgl. 11–15 Uhr), dessen verschiedene Gebäude sich auf drei Inseln im kleinen Schlosssee verteilen. Das imposante dreiflügelige Hauptgebäude ist ein von Kupferdächern gedeckter, mit Giebeln und Türmen gekrönter und von unterschiedlichen Materialien wie rotem Klinker oder hellem Sandstein akzentuierter Backsteinpalast. Wie viele andere Prachtbauten des Königreiches geht er auf Christian IV. zurück. Dieser hatte Vorgängerbauten von Frederik II. abreißen und an ihrer Stelle vom holländischen Baumeister Hans van Steenwinkel 1602–20 ein großartiges Schloss errichten lassen. Lediglich die beiden vorderen Rundtürme blieben erhalten, die durch die eingemeißelte Jahreszahl auf 1562 datiert sind. Sie überstanden auch den Brand von 1859, nach dem Frederiksborg als Nationalhistorisches Museum des Landes wieder aufgebaut wurde.

Neben Schlachtengemälden, Karten und Waffensammlungen beherbergt dieses **Danmark Nationalhistoriske Museum** (Öffnungszeiten wie Schloss) eine Porträtgalerie bedeutender Dänen. Im Schloss, das von einem niedrigeren Terrassenbau nach Süden und zur Nachbarinsel durch einen Vorhof mit nachge-

Giebel, Hauben, Türmchen, Lisenen, Bögen und Blendarkaden – eine Fülle von architektonischen Details zeichnet das verspielt wirkende Frederiksborg Slot im Renaissancestil aus

bautem Neptunbrunnen begrenzt wird, sind *Rittersaal* und *Schlosskirche* die bedeutendsten architektonischen Sehenswürdigkeiten. Bei letzterer tragen vergoldete Pfeiler das gotische Langhaus, vom fein geschnitzten Gestühl schaut man auf eine Kanzel aus Ebenholz und ein silbernes Taufbecken. Auf der Orgel aus der Werkstatt von Esaias Compenius von 1610 werden noch immer Konzerte gegeben. Auch der Rittersaal war einst kostbar ausgestattet, doch fielen viele Stücke, wie die Delfter Wandteppiche aus dem 16. Jh., Bränden zum Opfer. Die prachtvolle Kassettendecke aus Eichenholz wurde jedoch sorgfältig rekonstruiert. Liebhaber der Gartenbaukunst werden vom kunstvoll neu angelegten, barocken *Schlosspark* begeistert sein, der sich nördlich des Schlosses seit 1996 wieder wie zu Zeiten König Frederiks IV. präsentiert, der ihn im frühen 18. Jh. anlegen ließ.

Fredensborg

Nur 5 km nördlich von Hillerød wurde 1722 die königliche Residenz **Fredensborg Slot** (Slotsgade, Fredensborg, Juli Führungen tgl. 13–16.30 Uhr, Park ganzjährig, www.ses.dk) im italienischen Barockstil mit weiß verputzten Außenwänden fertig gestellt. In der Folgezeit mehrfach umgestaltet, präsentiert sich das Schloss heute auch mit Rokoko- und klassizistischen Elementen. Seit mehr als 200 Jahren ist die anmutig-heitere Zweiflügelanlage zwischen Wald und den Häusern des Weilers Fredensborg der erklärte Lieblingswohnsitz jeder königlichen Familie. Den Juli verbringen Königin Margrethe und Prinzgemahl Henrik tradi-

Heiteres Arkadien – südliches Flair im Garten von Fredensborg Slot

Am 4. Juni 1998 wurde die mächtige Beltbrücke als Teil der kühnen Storebæltforbindelsen feierlich eröffnet. Seitdem sind Autofähren zwischen Fünen und Seeland überflüssig

tionell auf Marselisborg in Århus [s. S. 105], dann können einige Innenräume der ›Friedensburg‹ im Rahmen von Führungen besichtigt werden. Das restliche Jahr über sind der Öffentlichkeit nur *Schlosspark* und *Marmorgarten* zugänglich, Letzterer geschmückt von Skulpturen aus der nordischen Mythologie und von Figuren ›einfacher Leute‹.

Im **Fredensborg Falkonergård** (Davidsvænge 11) werden Raubvögel für die Jagd trainiert sowie zukünftige Falkner ausgebildet. Bei knapp einstündigen Flugvorführungen (Sept./Okt. und April/Mai jeden So sowie Oster- und Pfingstmontag 14 Uhr, Juni Sa/So 14 Uhr, Juli/Aug. Mi/Sa/So 17 Uhr, dän. Herbstferien tgl. 14 Uhr, www.falkonergaarden.dk) demonstrieren Falkner die scharfen Augen, das ausgezeichnete Gehör und das fliegerische Können von Falken, Habichten oder Milanen.

i Praktische Hinweise

Information

Hillerød Turistbureau, Møllestræde 9, Tel. 48 24 26 26, Fax 48 24 02 62, www.hillerodturist.dk. – **Fredensborg Turistinformation**, Slotsgade 2, Tel. 48 48 21 00, Fax 4848 04 65, www.visitfredensborg.dk

Camping

Rosenholm Camping, Torpmaglevejen 58, Hundested, Tel. 47 92 30 49, Fax 47 92 30 41, www.rosenholm-camping.dk. Familienplatz auf der Halbinsel Halsnæs, auf dem auch Hütten und Wohnwagen zu mieten sind.

Hotels

TOP TIPP ****Store Kro**, Slotsgade 6, Fredensborg, Tel. 48 40 01 11, Fax 48 48 45 61, www.storekro.dk. Das romantische Spitzenhotel nahe Schloss Fredensborg entstand zu Beginn des 18. Jh. als Gästehaus von König Frederik IV. und verfügt über 49 Zimmer. Der weitläufige Garten ist eine Freude, das Gourmetrestaurant Anna Sophie nicht minder.

****Pension Bondehuset**, Sørupvej 14, Fredensborg, Tel. 48 48 01 12, www.bondehuset.dk. Hotelpension im Bauernhausstil, direkt am Esruner See.

***Fredensborg Vandrerhjem**, Østrupvej 3, Tel. 48 48 03 15, Fax 48 48 16 56, www.fredensborghostel.dk. Die gemütliche Herberge, 800 m vom Schloss entfernt, bietet auch Familienzimmer.

Restaurants

Skipperhuset, Skipperallé 6, Fredensborg, Tel. 48 48 17 17. Restaurant mit dänisch-französischer Küche in umgebautem Bootshaus (Mo geschl.).

Spisestedet Leonora, Frederiksborg Slot, Tel. 48 26 75 16. Im Schlossgasthof kann man zu Mittag dänische Frokost-Spezialitäten mit Blick auf den kleinen Schlosssee genießen.

5 Korsør

Brückenkopf an Seelands Westküste.

Seit Juni 1998 hat sich der Jahrhunderte währende Lebensrhythmus in Korsør grundlegend verändert, der vom Hafen für die Fähren über den Großen Belt bestimmt war. Damals wurde das **Storebæltforbindelsen**, ein 18 km langes Tunnel-Brücken-Projekt eröffnet, das die Meerenge zwischen Fünen und Seeland überspannt – und nun fahren die Autos an Korsør vorbei. Was für den Hafen einen Verlust bedeutet, ist für Besucher ein Gewinn.

Im einstigen Gasthof *Kongegården*, einem Mitte des 18. Jh. umgebauten Rokokogebäude, ist heute das kleine Kunstmuseum **Kongegården** (Algade 25, Tel. 58 37 78 90, tgl. 10–16, Mi 10–20 Uhr) untergebracht. Es zeigt Werke des Bildhauers Harald Isenstein (1917–1980), der als Jude während der Besatzung vor dem Zugriff der Nazis fliehen musste. Als einziges Überbleibsel einer mittelalterlichen Festung bewacht der 24 m hohe Turm **Korsør Søbatteri** aus dem 14. Jh. die alte Hafeneinfahrt. Er stammt weitgehend aus dem 14. Jh., doch datieren seine ältesten Teile bis ins 12. Jh. In den dicken Mauern zeigt das **By-og Overfahrtsmuseum** (Søbatteriet, Tel. 58 37 47 55, April–Ende Dez. Di–So 11–16 Uhr) Modelle von Handelsschiffen und Eisbrechern.

Nördlich und südlich von Korsør laden kilometerlange, kinderfreundliche **Strände** zum Baden ein.

i Praktische Hinweise

Information

Korsør Turistbureau, Nygade 7, Tel. 58 35 02 11, Fax 58 35 02 66, www.korsoer-turistbureau.dk

Camping

Halskov Camping, Revvej 175, Korsør, Tel. 58 37 50 80, Fax 58 37 50 30, www.halskovcamping.dk. Von dem ebenen Wiesengelände bei einem 25 m breiten Sandstrand öffnet sich ein weiter Blick auf Meer und Beltbrücke.

Hotel

******Hotel Jens Baggesen***, Batterivej 3–5, Korsør, Tel. 58 35 10 00, Fax 58 35 10 01, www.hotel-jens-baggesen.dk. Gemütliches Hotel, pittoresk in ehem. Speichergebäude im Zentrum gelegen.

6 Trelleborg

Wikingerromantik nahe dem Store Bælt.

TOP TIPP

7 km nördlich von Korsør liegt bei dem Dorf Trelleborg **Vikingeborgen** (Trelleborg Allé 4, Slagelse, April/Mai Sa–Do 10–16, Juni–Aug. Sa–Do 10–17, Sept./Okt. 10–16 Uhr, Tel. 58 54 95 06), eine historische, teils rekonstruierte Wikingerburg aus dem 10. Jh. Als großer Kreis umschließt ein 6 m hoher Ringwall, der zu Zeiten von Harald Blauzahn vor 1000 Jahren mit Palisaden befestigt war, einen ca. 7 ha großen Innenbereich. Zwei Wege durchquerten ihn, mündeten am Wall jeweils in ein befestigtes Eingangstor. Die Pfade kreuzten sich in der Mitte und schufen so vier Quadranten, in jedem standen vier aus Holz erbaute Langhäuser. Eines von ihnen wurde nach den Ausgrabungen 1934–42 rekonstruiert und ist zu besichtigen. Bis zum Niedergang der Wikingerburg um 1050 lebten hier rund 1000 Menschen, Krieger, Frauen und Kinder. Heute füllt sich die Anlage in der Sommerzeit erneut mit Leben: Da können sich beispielsweise Kinder beim Bogenschießen versuchen oder es laden historisch gekleidete Handwerker Besucher zum Mitmachen ein.

So trieben es die alten Wikinger: Lagerleben in der Vikingeborgen bei Trelleborg

Praktische Hinweise

Restaurant

Støvlet Katrines Hus, Slagelsevej 63, Sorø, Tel 57 83 50 80. Bürgerliche dänische Küche, solide zubereitet und serviert unter einem ausladenden Reetdach.

7 Næstved

Der historische Handelsplatz ist heute viel besuchte Einkaufsstadt.

Die Hafen- und Industriestadt (45 000 Einw.) an der Mündung von Dänemarks längstem Fluss, der Suså, war schon als mittelalterliches *Naestveth* Kreuzungspunkt von Handelswegen. Entstanden war der Ort im 12. Jh. um das 1135 gegründete Benediktinerkloster Skovkloster.

Ein Spaziergang durch Næstved ist stimmungsvoll. Mittwochs bauen Händler und Bauern bereits früh morgens ihre Stände auf dem zentralen *Akseltorv* zum großen **Markt** auf. Von hier aus kann man sehr schön durch das historische Stadtzentrum schlendern, vorbei an Giebel- und Fachwerkhäusern. Im *Helligåndshuset* aus dem 14. Jh. etwa ist das **Næstved Museum** (Ringstedgade 4, Di–So 10–16 Uhr) untergebracht. Seine mittelalterlichen Holzschnitzereien veranschaulichen die Kulturgeschichte der Region. Die Fassade des ehem. Gildesitzes **Apostelhuset** (16. Jh.) ist geschmückt mit geschnitzten Holzfiguren der zwölf Apostel, von denen jeder einen Gegenstand trägt, der auf sein Martyrium verweist. In der im Stil des 19. Jh. eingerichteten **Løveapoteket** nahebei kann man immer noch Heilkräuter aus eigenem Anbau erwerben.

Die **Skt. Peders Kirke** (Skt. Peders Kirkeplads, Di–Fr 10–12, Mai–Aug. zusätzlich 14–16 Uhr) südlich des Akseltorv gilt als älteste Kirche der Stadt und als größtes gotisches Gotteshaus Dänemarks. Sie wurde um 1250 noch als einschiffiger Bau begonnen, im 14. Jh. dreischiffig erweitert. Das Mittelschiff der *Stutzbasilika* steigt steil empor, ohne von Fenstern unterbrochen zu werden. Aus dem Mittelalter stammen auch *Wandmalereien* im Chor. Eine Szene zeigt König Valdemar Atterdag (1340–1375) mit seiner Frau Helvig kniend vor dem Thron Gottes.

Nur wenige Kilometer entfernt befindet sich mit dem **BonBonLand** (Gartnervej 2, Holme-Ostrup, Tel. 55 53 07 00, www.bonbonland.dk) eine besondere Attraktion für Familien mit Kindern. Der Vergnügungspark bietet diverse Fahrgeschäfte für jedes Alter.

Ringsted

Bis ins 4. Jh. war die Siedlung 25 km nördlich von Næstved *Thingstätte*, Versammlungs- und Gerichtsort. Daran erinnern auf dem Marktplatz drei mannshohe aufgerichtete Steine, die sog. **Tingstene**.

Ab dem 12. Jh. bildete die **Skt. Bendts Kirke** (Skt. Bendsgade, Mai–Mitte Sept. tgl. 10–12 und 13–17, sonst 13–15 Uhr) den Mittelpunkt von Ringstedt. König Valdemar I. hatte das Gotteshaus 1170 als Teil einer Benediktinerabtei auf den Grundmauern der Grabeskirche des heilig gesprochenen Herzogs Knud Lavard errichten lassen. Der Backsteinbau wurde zur Königsgrablege der Valdemar-Dynastie, bis 1341 fanden Dänemarks Herrscherpaare hier ihre letzte Ruhestätte. Unter ihnen befindet sich auch Dagmar, die 1212 jung verstorbene Gemahlin von Valdemar II., die noch heute in dänischen Volksliedern wegen ihrer Treue besungen wird. In einer Kapelle kann man ihre Grabbeigaben bewundern, etwa liturgische Geräte und Schmuck. Im Chor und im Kirchenschiff zeigen Kalkmalereien aus dem 14. Jh. Szenen aus dem Alten und Neuen Testament sowie König Erik IV. (1216–1250) und seine Frau Agnes. Auch das aus Eichenholz geschnitzte *Chorgestühl* von 1420 mit Bibelszenen und Benediktinerwappen sollte Beachtung finden.

Praktische Hinweise

Information

Næstved-Egnens Turistbureau, Det Gule Pakhus, Havnen 1, Tel. 55 72 11 22, Fax 55 72 16 67, www.visitnaestved.com

Camping

Svinø Strand Camping, Svinø Strand (zwischen Næstved und Vordingborg), Tel./Fax 55 76 92 12, www.svino-camping.dk. Nur durch Dünen und einen Baumgürtel vom 20 m breiten kiesdurchsetzten Sandstrand getrennt.

Hotels

******Kirstine**, Købmagergade 20, Næstved, Tel. 55 77 47 00, Fax 55 72 11 53, www.hotelkirstine.dk. Romantische Herberge mit gutem Restaurant in einer Stadtvilla von 1745.

*****Hotel Vinhuset**, Sct. Peders Kirkeplads 4, Næstved, Tel. 55 72 08 07,

Mit poliertem Kühler und makelloser Karosserie präsentieren sich im Aalholm Automobilmuseum die schönsten Oldtimer aus den Anfängen des motorisierten Zeitalters

Fax 55 72 03 35, www.hotelvinhuset.dk. Historisches Haus in der Stadtmitte. Beliebt ist auch die hoteleigene Kupferbar.

Restaurant

Le Boeuf, Sct. Peders Kirkeplads 4, Næstved, im Hotel Vinhuset, Tel. 55 72 08 07, www.hotelvinhuset.dk. Empfehlenswertes Hotelrestaurant mit dänisch-französischer Küche. Für Atmosphäre sorgt das urige Kellergewölbe.

8 Lolland

Ländliche Ferienidylle mit Safaripark an der Vogelfluglinie.

Der Südspitze von Seeland sind die drei kleinen Inseln Lolland, Falster und Møn vorgelagert, die alle untereinander durch Brücken verbunden sind. Wer von Deutschland aus nach Dänemark reist, wählt zur Anreise oft den kürzesten Weg entlang der **Vogelfluglinie**, nämlich mit der Fähre von Puttgarden über den Fehmarnbelt ins lolländische Rødbyhavn. Auf der Insel offenbaren sich um die zentrale kleine **Seenlandschaft** von **Maribo** beim *Søndersø* und entlang der von **Sandstränden** gesäumten Südküste viele Gründe, den Aufenthalt zu verlängern. Segler wissen das längst, schätzen sie doch beim *Island Hopping* durch die ›dänische Südsee‹ die zahlreichen gut ausgestatteten Marinas rund um die Insel.

Bei Nysted im Südosten von Lolland fällt die zu Beginn des 14. Jh. entstandene Burg **Aalholm** ins Auge. Die von Gräben umgebene Anlage wurde einige Jahre als Museum genutzt, ist jetzt aber wieder privat bewohnt und daher nicht zu besichtigen. Zugänglich sind dagegen der umliegende **Christianslyst-Park** und einige Gebäude des benachbarten Gut *Stubberupgård*. Dort begeistern im **Aalholm Automobilmuseum** (Aalholm Parkvej, Juni–Aug. tgl. 10–17, Mai/Sept./Okt. Sa/So 10–16 Uhr, www.aalholm.dk) 175 blank geputzte Oldtimer die Fans historischer Automobile. Das älteste Fahrzeug stammt aus dem Jahr 1886, doch auch andere Gefährte werden bewundert, wie z. B. ein chromblitzender BMW 326 Saloon von 1938.

Beim **Knuthenborg Safaripark** im Norden Lollands (Bandholm, Tel. 54 78 80 89, www.knuthenborg.dk, Mai–Ende Sept. tgl. 9–17 Uhr) wechselt die Landschaft von Wäldern und Feldern zu künstlich angelegter afrikanischer Savanne und sibirischer Steppe. Auf einer Fläche von 4 km² können Besucher von PKW und Bus aus frei laufende Wildtiere wie Giraffen und Nashörner, Löwen und Tiger betrachten. Kinder sind trotz dieser spektakulären Begegnungen jedoch oft mehr von Streichelzoo und Ponyreiten begeistert.

i Praktische Hinweise

Information

www.lolland-falster.dk – **Rødbyhavn Turistbureau**, Færgestationsvej 6, Tel. 54 60 45 46, Fax 54 60 45 30, www.turistinfo-roedby.dk. – **Nysted Turistbureau**, Strandvejen 18, Tel. 54 87 19 85, Fax 54 87 19 60, www.nysted-turistforening.dk

In der inselreichen ›dänischen Südsee‹ zwischen Fünen und Falster bieten unzählige kleine Buchten Sport- und Freizeitseglern schnuckelige Ankerplätze

Fähren

Scandlines A/S, Færgestationsvej 5, Rødby, Tel. 33 15 15 15, Fax 54 65 73 50. Autofähre zwischen Rødbyhavn und dem deutschen Puttgarden/Fehmarn sowie von Spodsbjerg nach Tårs auf Langeland.

Camping

Nysted Camping, Skansevej 38, Nysted, Tel. 54 87 09 17, Fax 54 87 14 29, www.nysted-camping.dk. Komfortable, baum- und buschbestandene Anlage mit Kinderspielplatz direkt am Meer.

Hotels

***__Oreby Mølle__, Orebygaardvej 4 A, Sakskøbing, Tel. 54 70 70 88, Fax 54 70 70 33, www.oreby-moelle.dk. Bed & Breakfast in altem Backsteinbau am Sakskøbing Fjord.

**__Lalandia__, Rødby, Tel. 54 61 05 06, Fax 54 61 05 01, www.lalandia.dk. Größter Ferienpark Nordeuropas mit 600 Apartments am Strand, diversen Sportmöglichkeiten und einem Erlebnisbad.

Restaurant

Svanen, Vestergade 29, Maribo, Tel. 54 78 10 11, www.maribo-soepark.dk. Gute Fisch- und vegetarische Gerichte im Hotel Maribo Søpark.

9 Falster

Strände und Ferienhäuser prägen Dänemarks ›grüne Insel‹.

Die in weiten Teilen von Feldern bedeckte Insel wird entlang ihrer Ostküste von größeren Waldgebieten, einer Steilküste und weißen Sandstränden begrenzt. Bei dem Ort **Marielyst**, einem Strandparadies im Südosten, kommen Wasserratten voll und ganz auf ihre Kosten. Viele Urlauber genießen ihre ›schönsten Wochen des Jahres‹ auf Falster in einem der 5000 Ferienhäuser im Hinterland der Küste oder in Wohnwagen und Zelten auf Campingplätzen.

Nykøbing, die Inselhauptstadt, liegt direkt am *Guldborgsund*, der Falster von Lolland trennt. Vom einstigen Wasserturm, dem 32 m hohen **Nykøbing Vandtårnet** (Hollands Gård 30, Mo–Di und Do–Fr 10–16, Sa 10–13 Uhr), reicht die Aussicht weit über Stadt und Sund. Unübersehbar ist der graue Klotz einer Zuckerfabrik, in der Zuckerrüben von beiden Inseln verarbeitet werden. In der Innenstadt lohnen einige ältere Gebäude eine genauere Betrachtung, etwa *Staldgårds Porten*, die Kornkammer aus dem 18. Jh. in der Slotsgade 30, der im Renaissancestil erbaute *Rimestersgård* in der Store Kirkestræde oder einige Gebäude in der Langgade. Unter diesen befindet sich mit der Hausnummer 2 das einstöckige Fachwerkhaus **Czarens Hus**, in dem 1716 Zar Peter I. auf der Reise nach Kopenhagen kurz abstieg. Heute beherbergt das historische Gebäude ein Restaurant und das kleine Inselmuseum **Falsters Minder** (Mai–Mitte Sept. Di–Fr 10–16, Sa 11–15, So 14–16, sonst Di–Fr 14–16, Sa 11–15, So 14–16 Uhr).

Die 1482 am zentralen Kirkepladsen aus rotem Backstein erbaute gotische **Gråbrødekirke** war ursprünglich als Klosterkirche eines zwischenzeitlich aufgelösten Franziskanerkonvents geplant. Im Inneren des einschiffigen Gotteshauses sind vor allem die Grabmale interessant. Eines ziert eine 1622–26 entstandene mecklenburgische Ahnentafel, die fünf Generationen zurück reicht, ein anderes ein von Lucas Cranach d. Ä. gemaltes Porträt aus der Zeit um 1450. Seitlich hinter der Kirche ist ein kleiner Heilkräutergarten angelegt, der zu einer beschaulichen Rast einlädt.

TOP TIPP Eine besondere Attraktion ist beim Ortsteil Sundby das **Middelaldercentret** (Ved Hamborgskoven 2, Nykøbing, Tel. 54 86 19 34, www.middelaldercentret.dk, Mai–Sept. und dänische Herbstferien tgl. 10–16 Uhr, Mai/Sept. Mo geschl.). Auf dem Areal werden, möglichst authentisch, die Lebensbedingungen im Mittelalter nachgelebt und erforscht. Im Sommer kann man einem Schmied über die Schulter schauen, als Gast bei Ritterturnieren mit Pferd und Lanze zusehen oder miterleben, wie mächtige Wurfmaschinen ganze Felsbrocken in Befestigungen schleudern.

i Praktische Hinweise

Information

Fremdenverkehrsbüros auch mit Zimmer- und Ferienhausvermittlung: **Nykøbing/Falster Turistinformation**, Østergågade 7, Tel. 54 85 13 03, Fax 5485 10 05. – **Marielyst Turistinformation**, Marielyst Strandpark 3, Tel. 54 13 62 98, Fax 54 13 62 99, www.marielyst.org

Fähre

Scandlines, Jernbanevejen 13, Gedser, Tel. 33 15 15 15, Fax 54 16 39 50. Autofähre zwischen Gedser und Rostock (BRD); die Fahrt dauert ca. 2 Std.

Hotel

***Nykøbing Vandrerhjem**, Østre Allé 110, Nykøbing, Tel. 54 85 66 99, Fax 54 82 32 42, www.danhostel.dk/nykoebingfalster. Jugend- und Familienherberge im Grünen.

Camping

Ulslev Strand, Strandvejen 3, Idestrup, Tel. 54 14 83 50, Fax 54 14 83 47, www.dk-camp.dk/ulslev. Modern eingerichteter Platz in einem Landschaftsschutzgebiet an der Steilküste, über die Treppen zum feinen Sandstrand führen.

Restaurants

Czarens Hus, Langgade 2, Nykøbing, Tel. 54 85 28 29. In dem traditionsreichen Restaurant speiste einst sogar Zar Peter I. (So/Mo geschl.).

Den Gyldne Svane, Middelaldercentret bei Nykøbing, Tel. 54 86 19 34. Geboten werden Gerichte aus der Zeit von 1300 bis 1500 in mittelalterlichem Ambiente bei Kerzenschein (Mitte Mai–Sept. und in den dänischen Herbstferien im Okt. tgl. 10–16 Uhr).

Stimmungsvoll ist ein Bummel durch die Altstadt von Nykøbing auf Falster

10 Møn

Bade- und Seglerparadies mit Weitsicht von der steilen Klippenküste Store Klint.

Dramatisch stürzen die schneeweißen *Kalksteinklippen* im Osten der Insel Møn 140 m in die Tiefe, oben gesäumt von lichten Buchenwäldern. Spazierwege führen nahe der Abbruchkante entlang und geben immer wieder herrliche Ausblicke auf die hellen Klippen und die scheinbar endlose Ostsee frei. Die 7 km lange Küste **Møns Klint**, die die Insel nach Osten begrenzt, kann man auch an der Wasserlinie entlang folgen und märchenhafte Ausblicke genießen. Das 2007 eröffnete *Geocenter Møns Klint* (www.moensklint.dk, Mai–Okt. tgl. 10–18 Uhr) informiert über die Entstehung der Kreidefelsen. Hans Christian Andersen (1805–1875) ließ sich von der harmonischen, doch abwechslungsreichen Landschaft der Insel inspirieren und schrieb in dem *Empire-Schlösschen von Liselund* zwei Märchen.

Im Süden von Møn formt die **Hjelm Bucht** einen sanften Bogen, die dortige Marina von *Klitholm Havne* gilt als Treffpunkt sportlicher Segler. Im Westen, beiderseits der Hauptstraße nach Seeland, liegt die Inselhauptstadt **Stege**, der 1268 die Stadtrechte verliehen wurden. Hier lebt rund ein Drittel der insgesamt 12 000 Insulaner. Mit dem Bau der **Stege Kirke** (Kirkepladsen, Di–So 8–16 Uhr) war bereits um 1250 begonnen worden. Doch der ursprünglich einschiffige romanische Bau wurde im späten 15. Jh. um einen dreischiffigen Chor erweitert und mit naiven Kalkmalereien an der Decke ausgeschmückt. Noch heute ist beispielsweise eine Jagdszene mit Hase, Fuchs und Hunden zu sehen. Das kleine **Møn Museum** (Empiregården, Storegade 75, Di–So 10–16 Uhr) am östlichen Rand der Altstadt informiert anhand von Alltagsgegenständen und Kleidung über die Inselgeschichte.

Drei einsam stehende Kirchen auf Møn bergen fantasievolle, stilistisch verwandte **Fresken** von naiver Schönheit. Die ältesten Darstellungen stammen aus der Zeit um 1350, die übrigen aus dem folgenden Jahrhundert. Nach der Kirche, in der die lange Zeit übermalten Fresken bei einer Restaurierung 1885–87 erstmals wieder gefunden wurden, nennt man den oder die Künstler **Elmelunder Meister**. Es handelt sich dabei um die östlich von Stege gelegene **Elmelunde Kirke** (Klinevej, Elmelunde, tgl. 8–16 Uhr) aus dem späten 11. Jh., in der Szenen aus dem Neuen Testament wie der Einzug Christi nach Jerusalem oder seine Geißelung dargestellt sind. In der reich geschmückten **Keldby Kirke** (Præstegårdstræde 1, Keldby, im Sommer tgl. 7–17, im Winter

Déjà vu? Møns Klint auf der dänischen Insel Møn erinnert stark an ein Bild, das der Maler Caspar David Friedrich um 1800 von den gleichartigen Kreidefelsen auf Rügen schuf

tgl. 8–16 Uhr) weiter im Inselnorden, die um 1250 aus Backstein zwischen Stege und Elmelunde erbaut wurde, kann man im Gewölbe eine Darstellung von Joseph ausmachen, der dem Jesuskind Grütze zubereitet. Das Innere der **Fanefjord Kirke** (Fanefjord Kirkevej, Fanefjord, Sommer 7–16, Winter 8–16 Uhr) im Südwesten von Møn zeigt Szenen vom Kindermord zu Bethlehem oder der Anbetung der Heiligen Drei Könige, außerdem den hl. Georg als Drachentöter und viele weitere Heiligendarstellungen. Nicht weit von diesem Kirchlein entfernt, an einer von Feldern gesäumten Nebenstraße zwischen Røddinge und Koster, zeigt das etwa 5000 Jahre alte Ganggrab **Kong Asgers Høj** mit einer 10 m langen Grabkammer, dass Møn schon seit langer Zeit besiedelt ist.

Im Nordwesten breiten sich bei **Ulvshale** die schönsten Strände und Dünen der Insel aus. Vorgelagert ist **Nyord** mit seinem urwaldartigen Baumbestand und den küstennahen Feuchtgebieten, einem Brutrevier Tausender Wasservögel. Die Insel und ihre beschauliche gleichnamige Siedlung, deren paradiesische Ruhe nichts stören zu können scheint, ist über eine Brücke von Møn aus erreichbar.

Mittelalterliche himmlische Weihnachtsgeschichten an der Decke der Fanefjord Kirke

Praktische Hinweise

Information

Møns Turistbureau, Storegade 2, Stege, Tel. 55 86 04 10, Fax 55 81 48 46, www.visitmoen.com

Sport

Cykeludlejning, Storegade 91, Stege, Tel. 55 81 42 49. Leihräder für eine empfehlenswerte Inselrundfahrt.

Einkaufen

Imerco, Storegade 43, Stege, Tel. 55 81 44 40. Geboten wird ein breites Sortiment inseltypischer Souvenirs, von Angeln bis zu Tonwaren.

Ympelys, Klintevej 110, 4 km östl. von Stege, Tel. 55 81 30 05. Gute Adresse zum Kauf von handgezogenen Kerzen, auf der Insel gefertigter wetterfester Kleidung sowie von geschmackvoller Møner Keramik.

Camping

Ulvshale Camping, Ulvshale Vej 236, Tel. 55 81 55 25, Fax 55 81 55 23, www.ulvscamp.dk. Bewaldeter Gemeindeplatz am schönsten Dünenstrand der Insel in abwechslungsreichem, naturbelassenen Gelände.

Hotels

******Præstekilde Kro & Hotel**, Klintevej 116, Stege, Tel. 55 86 87 88, Fax 55 81 36 34, www.praestekilde.dk. Luxuriöses Ambiente und die Nähe zum Møns Golf Course in Klintevej machen den edlen Krug zur Lieblingsadresse für Golfer.

****Ferienhotel Østersøen**, Klintholm Havn, Tel. 55 81 90 55, Fax 55 81 90 56. Die geschmackvolle Apartmentanlage erstreckt sich rings um die muntere Seglermarina.

Restaurants

Kaj Kok, Klintevej 151, Landsled, Tel. 55 81 35 85. Dänische Spezialitäten mit dem besten Smørrebrød der Insel (Okt.–April Mo/Di geschl.).

Klintholm Søbad, Thyravej 19, Klintholm Havn, Tel. 55 81 91 23. Klassische dänische Küche mit opulentem Buffet oder leckerer Heringsplatte.

Støberiet, Storegade 59, Stege, Tel. 55 81 42 67. Beim Schlachtertresen stellt man sich die Mahlzeiten zusammen, alles wird frisch zubereitet serviert.

Bornholm – Perle der Ostsee

Gern erzählt man sich auf Bornholm folgende Geschichte: Nachdem Gott Skandinavien geschaffen hatte, sammelte er die schönsten Dinge des Nordens in seiner Hand, klares Licht, sanfte Dünen, bizarre Klippen, wogende Getreidefelder, dichtgrüne Wälder – und daraus formte er Bornholm. Nicht nur die 45 000 Bornholmer, auch viele Besucher sind der Meinung, dass sich die **Schöpfungsgeschichte** der 588 km² großen Insel so abgespielt haben könnte. Geologen dagegen sprechen nüchtern von den Überresten einer 1700 Mio. Jahre alten Gebirgskette, deren höchste **Granitbuckel** heute einige Dutzend Meter über die Wasseroberfläche der Ostsee hinausgucken.

Entlang der 140 km langen Küste von Bornholm liegen idyllische **Fischerorte** wie Neksø oder Allinge, in deren Räuchereien Heringe zu köstlichen goldbraunen *Bornholmern* heranreifen, die bekannteste kulinarische Spezialität der Insel neben dem legendären, auf der Insel hergestellten und nach einem putzigen Kobold benannten *Krølle Bølle Softeis*. Das ganzjährig milde **Seeklima** lässt im Sommer Feigen, Walnüsse und Maulbeeren gedeihen. Außerdem ist die weite Dünenlandschaft bei **Dueodde** im Süden mit einem der schönsten Strände Europas ein Badeparadies, dessen größter Teil bereits seit 1936 unter Naturschutz steht.

Bornholm war bereits früh besiedelt, die Entstehung erster menschlicher Spuren wird auf 10 000 v. Chr. datiert. Von der Wikingerzeit zeugen auf der ganzen Insel **Dolmen** und **Runensteine**. Teils mehr als 1200 Jahre alt sind die Bautasteine, die zur Erinnerung an Verstorbene gesetzt wurden. Jahrhundertelang war das Eiland wegen seiner strategischen Lage von Wikingern, Piraten, Schweden, Dänen begehrt, und auch die Hanse versuchte, hier dauerhaft Fuß zu fassen. Vier **Wehrkirchen** und die Burgruine von **Hammershus** ganz im Norden sind beredte Zeugen dieser bewegten Vergangenheit.

11 Rønne

Charmante Inselhauptstadt und betriebsames Dienstleistungszentrum.

Rønne ist das Tor zu Bornholm, liegt hier doch sowohl der **Fährhafen** der Insel als auch der **Lufthavn**, der von Kopenhagen und im Sommer auch von Deutschland aus regelmäßig angeflogen wird.

Bereits seit dem Mittelalter ist Rønne als geschäftiger **Warenumschlagplatz** bekannt. Heute ist die Inselhauptstadt mit ihren 15 000 Einwohnern Verwaltungszentrum und Verkehrsknotenpunkt der Insel. Geschäfte, Galerien, Cafés und Restaurants findet man rund um die lebhaften Plätze **Lille Torv** und **Store Torv**. Im **Bornholm Museum** (Skt. Mortensgade 29, Jan.–April/Nov–Dez. Mo–Sa 13–16, Mai/Juni und Sept./Okt. Mo–Sa 10–17, Juli/Aug. tgl. 10–17 Uhr, Tel. 56 95 07 35, www.bornholmsmuseum.dk) östlich vom Store Torv wird anhand archäologischer Exponate die Seefahrer-, Fischer- und Bauerntradition der Insel dokumentiert. Anders als im restlichen Dänemark gab es auf Bornholm keine adligen Großgrundbesitzer, das Land wurde ausschließlich von freien Bauern bestellt. Die Sammlung zeigt auch einige Hundert *Goldgubber*, hauchdünne, geprägte Goldplättchen aus der Bronzezeit, die man bei Svaneke im

◁ **Oben:** *Bornholms einladende Küsten kann man auf mehr als eine Art genießen*
Mitte: *Immer wieder stehen steinzeitliche Menhire am Wegesrand*
Unten: *Malerische Ferienhäuschen zwischen grünem Land und blauem Meer*

Verträumt schaukeln Fischer- und Segelboote nebeneinander im adretten Hafen von Rønne

Inselosten gefunden hat und die wahrscheinlich als Opfer- und Grabbeigaben verwendet wurden.

Vom Store Torv geht es entlang der Einkaufsstraße *Snellemark* Richtung Hafen. Am **Havnebakken** reckt sich ein schlanker, hell gestrichener, achteckiger Leuchtturm in die Höhe. Schräg dahinter überragt der spitze Kupferturm der im 14. Jh. erbauten **Skt. Nicolaikirke** die roten Dächer der Häuser. Das aus dem 13. Jh. stammende Gotteshaus gilt als Wahrzeichen von Rønne, wurde jedoch 1918 durch einen Umbau stark verändert. Im Inneren des kreuzförmigen Kirchenschiffs erinnern Reste von Freskomalereien, ein gotländischer Taufstein von 1350 und ein gotisches Taufbecken noch an den ursprünglichen Bau. In den schmalen, malerischen Gassen rund um den Kirchplatz bis zum kopfsteingepflasterten Rønne Gård sind viele ältere Gebäude erhalten, überwiegend aus dem 18. und 19. Jh., darunter gemütliche Backsteinfachwerkhäuser.

Südlich vom Hafen imponiert die Befestigung **Kastellet** mit ihrem mächtigen Rundturm. König Christian V. ließ sie 1687 zur Abwehr der Schweden errichten. Daneben sind in gut erhaltenen ehem. Magazinräumen im **Forvarsmuseet** (Kastellet Galløkken, Mai/Sept. Di–Sa 11–14, Juni–Aug. Di–Sa 11–17 Uhr) alte Waffen und Modelle von Verteidigungsanlagen zu sehen. Historische Dokumente berichten von der wechselvollen Geschichte Bornholms, dänischen, schwedischen und hansischen Machthabern, die später deutsche und sowjetische Besatzer ablösten.

Ausflug

In dem Ort **Nyker**, etwa 8 km nordöstlich von Rønne, steht die mit zwei Stockwerken kleinste der wehrhaften Bornholmer Rundkirchen. Diese **Ny Kirke** entstand wahrscheinlich Ende des 12. Jh. Eine massive steinerne *Mittelsäule* von 3 m Durchmesser ist umlaufend mit einem gotischen Fresko verziert, das die Passion Christi, seine Grablegung und Auferstehung zeigt. Die Säule trägt das weiß gekalkte und von außen mit dunklen Schindeln gedeckte Tonnengewölbe, das das etwa 18 m durchmessende runde *Schiff* überdacht. Von diesem Hauptraum gehen lediglich ein Vorraum sowie eine kleine Kapelle ab.

Weiter nördlich, an der Straße kurz vor Hasle findet man den **Brogårdsten**, den mit 2,70 m größten aller Bornholmer *Runensteine*. Gemäß seiner Inschrift ließ ihn um das Jahr 1100 ein gewisser Svenger für seinen Vater Toste, den Bruder Alvlak, seine Mutter und Schwestern errichten.

i Praktische Hinweise

Information

Bornholm Velkomstcenter, Nordre Kystvej 3, Rønne, Tel. 70 23 20 77, Fax 56 95 95 68, www.bornholm.info

Fähren

Bornholms Trafikken, Havnen, Rønne, Tel. 56 95 18 66, www.bornholmferries.dk. Rønne–Køge, Rønne–Neu Mukran (BRD), Rønne–Ystad (Schweden)

Polferries, Tel. 33 11 46 45, www.polferries.com. Rønne–Swinoujscie (Polen)

Scandlines, Fährhafen Sassnitz, Tel. 0 18 05/11 66 88, www.scandlines.de. Rønne–Sassnitz (BRD).

Sport

Bornholms Cykeludlejning, Ndr. Kystvej 5, Rønne, Tel. 56 95 13 59. Fahrradverleih für alle Altersgruppen.

Camping

Galløkken Camping, 2 km südlich von Rønne Richtung Nexø, Tel. 56 95 23 20, Fax 56 95 37 66, www.gallokken.dk. 300 m vom Meer entferntes Gelände am Rande eines Wäldchens.

Hotels

****__Fredensborg__, Strandvejen 116, Rønne, Tel. 56 95 44 44, Fax 56 95 03 14, www.hotelfredensborg.dk. Knapp 2 km südlich vom Hafen, sehr hübsch an einer bewaldeten Steilküste gelegen.

**__Skovly__, Nyker Strandvej 40, Rønne, Tel. 56 95 07 84, Fax 56 95 48 23, www.hotel-skovly.dk. Familienhotel, auch mit Ferienwohnungen, im Naturschutzgebiet, nur 150 m vom Strand. Nettes Sommer-Restaurant im Haus.

Restaurants

De 5 Ståuerna, im Hotel Fredensborg, Strandvejen 116, Tel. 56 95 44 44. Virtuose Bornholmer Küche mit viel Fisch und mit exquisiten Lammgerichten.

Rådhuskroen, Nørregade 2, Rønne, Tel. 56 95 00 69. Gemütliche Atmosphäre und ordentliche Küche im Gewölbe des Rathauses.

12 Allinge

Einladende Sommerfrische im Schatten einer mächtigen Burgruine.

Längst sind die beiden **Seebäder** Allinge und Sandvig an der Nordspitze von Bornholm zu einem **Doppelort** (5000 Einw.) zusammengewachsen. Die hier an sich felsige Küste säumen zahlreiche kleine Sandbuchten, die Sandvig zu seinem Namen verholfen haben, und laden zum Ostseebad ein. Allinge ist die bedeutendere der beiden Siedlungen. Im Ortszentrum um den Hafen findet man noch einige schöne historische Bauten, etwa Hotels aus der Wende vom 19. zum 20. Jh., respektable Wohnhäuser von Heringshändlern (18. Jh.) und natürlich die beliebte Heringsräucherei *Nordbornholm Røgeri* (Søndergade 34, Tel. 56 48 07 30) mit ihren charakteristischen Kaminschloten.

Zwischen den beiden Ortsteilen zeigt bei Mellembyerne ein Wegweiser landeinwärts zum **Madsebakke**, einem flachen, mit zahlreichen zum Teil über 3000 Jahre alten Felszeichnungen und -ritzun-

Rundkirche par excellence: Ny Kirke bei Rønne

Wehrhafte Schale, sakraler Kern

Verteidigungsanlagen sollten sie sein, Vorratslager und Gotteshäuser. Im Mittelalter dienten sie sakralen Zwecken, aber auch dem Schutz der Gemeinde und ihrer Mitglieder vor Piratenüberfällen und den Angriffen anderer brandschatzender Horden. Von den sieben erhaltenen christlichen **Rundkirchen** Dänemarks stehen die vier schönsten auf Bornholm: die auch **Skt. Laurentius Kirke** genannte **Østerlars Kirke** südlich von Gudhjem, **Nylars Kirke** östlich von Rønne, **Ny Kirke** nördlich davon und die dem heiligen Olaf geweihte **Ols Kirke** südlich von Allinge. Sie hat mit etwa 16 m den geringsten Durchmesser, was sie jedoch durch ihre stolze Höhe von 30 m wettmacht.

Das Auffälligste an den im 12. und 13. Jh. entstandenen Rundkirchen Bornholms ist ihr mächtiger Turm mit dem oft sehr kleinen quaderförmigen Anbau. Eigentlich handelt es sich um ein Rundschiff mit bis zu 2 m dicken Außenmauern aus Granitquadern. Ihre **Kegeldächer** aus Holzschindeln erhielten die Türme erst im späten Mittelalter, ursprünglich waren sie mit **Flachdächern** versehen, die als Aussichtsplattformen und Kampfstationen eine effiziente Verteidigung, wahrscheinlich durch Bogenschützen, ermöglichten. Von unten wurde und wird das Kirchendach von einem massiven, mitunter freskierten **Mittelpfeiler** gestützt.

Heute sind die mächtigen Ruinen von Hammershus beliebtes Ausflugsziel

gen geschmückten Granitblock, der wenige Hundert Meter von der Küstenstraße entfernt aufragt.

Einige Kilometer südlich von Allinge liegt die dem hl. Olaf geweihte **Ols Kirke** (Sommer Mo–Sa 9–12 und 14–17 Uhr). Ihr Rundturm hat den geringsten Durchmesser aller Bornholmer Rundkirchen und wirkt durch seine stattliche Höhe von 30 m besonders schlank. Innen sind ein romanischer Taufstein und eine kunstvoll geschnitzte Holzkanzel aus der Frührenaissance erhalten.

Hammershus

Südwestlich von Sandvig erhebt sich das selbst noch als Ruine gewaltige Hammershus auf einem Granitfelsen über der Küste. 1255 hatte der Erzbischof von Lund die massige *Burg* zur Sicherung seines Einflussbereiches sowie zur Kontrolle von Bornholm und der Ostsee südlich der Provinz Schonen errichten lassen. Das kleine Museum *Hammershus Udstillingen* (Tel. 56 48 11 40, Sommer tgl. 10–16 Uhr) in einem unscheinbaren Neubau an dem Weg zur Burgruine informiert über die Geschichte der einst mächtigen Felsenfestung. Bis zur endgültigen Aufgabe 1743 diente Hammershus noch als *Staatsgefängnis*, in den folgenden Jahrzehnten nutzten Bornholmer den verfallenden Bau dann als *Steinbruch*. 1822 stellte der dänische Staat die Ruine schließlich unter Denkmalschutz. Die teilweise bis zu vier Stockwerke aufragenden, aus Backstein gemauerten Reste der inneren Festung machen Hammershus zur größten mittelalterlichen Burgruine Nordeuropas.

i Praktische Hinweise

Information

Nordbornholms Turistbureau, Kirkegade 4, Allinge, Tel. 56 48 09 01, Fax 56 48 00 20, www.bornholmsbookingcenter.dk

Camping

Lyngholt Familie Camping, Borrelyngvej 43 (Straße Richtung Hasle), Allinge, Tel. 56 48 05 74, Fax 56 48 01 74, www.lyngholt.dk/camping. Gepflegter, mit Hecken und Grünanlagen gegliederter Platz, im Sommer mit Pool. Anbei befindet sich ein großer Spielplatz.

Hotels

****Hotel Hammersø**, Sandvig, Tel. 56 48 03 64, Fax 56 48 10 90, www.hotel-hammersoe.dk. Wunderbare Lage direkt am Hammersee zwischen Burgruine und Sandvig, inmitten der Natur. Die modernen Zimmer sind alle mit Balkon oder Terrasse ausgestattet.

Restaurant

Ellas Restaurant og Konditori, Strandgade 42, Allinge-Sandvig, Tel. 56 48 03 29. Gemütliches Speiserestaurant und Café, im Sommer mit Gartenterrasse.

13 Gudhjem

TOP TIPP *Heringshafen und Künstleridylle am Ostseestrand.*

Gelbbraun und ockerfarben gestrichene Häuser ziehen sich terrassenförmig den **Bokul-Hügel** auf einem kleinen Landvorsprung an Bornholms Ostküste hinauf. Den 50 m hohen ›Gipfel‹ krönt eine mehr als 100 Jahre alte Windmühle, die längst nicht mehr in Betrieb ist. Am Fuß des Hügels weist ein Mastenwald die beiden benachbarten Hafenanlagen an der Felsküste aus, in denen Segelschiffe und Fischerboote ankern.

Das kleine Gudhjem gilt mit seinen verwinkelten Gassen und steilen Straßen vielen als schönster Ort von Bornholm. An manchen Sommertagen mag man nicht glauben, dass hier nur 1000 Einwohner leben, wenn sich Hunderte von Autos mit Tagesausflüglern aus anderen Teilen der Insel durch die Hauptstraße quälen. Gudhjems Aufstieg begann um 1911, als dänische **Künstler** die besondere Atmosphäre des Fischerdorfes entdeckten und sich hier von Licht und Meer inspirieren ließen. Das **Oluf Høst Museet** (Løkkegade 35, Mai–Mitte Juni Di–So 11–17, Mitte Juni–Sept. tgl. 11–17 Uhr, www.ohmus.dk) ist dem bekanntesten unter ihnen gewidmet, dem in Svaneke geborenen Maler Oluf Høst (1884–1966), der fast 40 Jahre in diesem Haus gelebt hat. Viele seiner expressiven Bilder, die oft Landschaften, Gehöfte und Bewohner Bornholms zum Thema haben sind hier ausgestellt.

Helligdomklipperne

Ein wahres Kunstwerk der Natur sind die *Heiligdom-Klippen* bei Rø westlich von Gudhjem, an der Meeresküste aufragende, zerklüftete Granitfelsen, die landseitig in wie verwunschen wirkende, bewaldete Felsspalten übergehen. Im dortigen Døndal, dem Donnertal, stürzt der *Døndalfaldet* hinab, der mit 22 m zweithöchste Wasserfall Dänemarks.

Blickt man über die Dächer von Gudhjem, kann man verstehen, warum viele das Küstenstädtchen für einen der anziehendsten Orte an Bornholms reizenden Gestaden halten

Unmittelbar an den Klippen liegt der avantgardistische Bau des **Bornholms Kunstmuseet** (Helligdommen, Jan.–März Di/Do 13–17, So 10–17, April/Mai, Sept./Okt. Di–So 10–17, Juni–Aug. tgl. 10–17, Nov./Dez. Di–So 13–17 Uhr, Tel. 56 48 43 86). Die weißen, lang gezogenen Gebäudeelemente sind auf mehreren Ebenen angelegt, ein massiver Turm überragt das Ensemble. Die hervorragende Gemäldesammlung des Museums konzentriert sich vornehmlich auf die Epoche 1850–1950. Zu sehen sind u. a. Werke von Olaf Rude, Oluf Høst oder Michael Ancher, der als Skagenmaler [s. S. 122] bekannt wurde, aber auf Bornholm geboren ist. Gezeigt wird auch eine Kollektion von Glas- und Keramikobjekten aus heimischer Produktion. Darunter sind Werke der Glasbläser Maibritt Jönsson und Pete Hunner von *Baltic Sea Glass* (Melstedvej 47, Tel. 56 48 56 41).

i Praktische Hinweise

Information

Gudhjem Turistbureau, Åbogae 9, Tel. 56 48 52 10, Fax 56 48 52 74, Mai–Sept.

Fähre

Christiansøfarten, Ejnar Mikkelsenvej 25, Gudhjem, Tel. 56 48 51 76, Fax 56 48 55 77, www.bornholmexpress.dk. Fahrten von Allinge, Gudhjem und Svaneke zu der vorgelagerten ›Erbseninsel‹ Christiansø (Mai–Sept. tgl., im Winter nur per Postschiff).

Camping

Strandlunden, Melstedvej 33–35, Gudhjem, Tel. 56 48 52 45, Fax 56 48 52 45, www.strandlundencamping.dk. Naturbelassenes Gelände mit Büschen bei kleiner Sandbucht zwischen den Klippen.

Hotels

****Melsted Badehotel**, Melstedvej 27, Gudhjem, Tel. 56 48 51 00, www.meldstedbadehotel.dk. Modernes Badehotel südlich von Gudhjem, mit netter Terrasse und gutem Restaurant.

****Pension Koch**, Melstedvej 15, Gudhjem, Tel. 56 95 72 95, Fax 56 95 67 95, www.pensionkoch.dk. Zimmer und Ferienwohnungen in lichter Herberge mit großem Garten und Ostseeblick.

***Danhostel Gudhjem**, Ejnar Mikkelsensvej 14, Gudhjem, Tel. 56 48 50 35, Fax 56 48 56 35, www.danhostel-gudhjem.dk. Einfaches Hotel, mitten im Ort und doch nur 50 m vom Meer entfernt.

›Heiligdom-Klippen‹ ist der passende Name für die Felsen, die westlich von Gudhjem wie die Mauern eines Gotteshauses aufragen

Bornholms Kunstmuseum zeigt hauptsächlich Werke, zu denen sich ihre Schaffer Mitte des 19. bis Mitte des 20. Jh. durch das Meer und die Insellandschaft inspirieren ließen

Restaurants

Bokulhus, Bokulvej 4, Gudhjem, Tel. 56 48 52 97. Unweit des Hafens bietet das Lokal auf seiner ›dänischen Platte‹ wunderbare Meeresköstlichkeiten.

Gudhjem Røgeri, Ejnar Mikkelsens-vej 9. Gudhjem, Köstlicher Fisch frisch aus dem Rauch und andere maritime Leckereien zum Mitnehmen oder Verzehr im Lokal.

14 Østerlars

Ländliche Ruhe um stattliche Rundkirche.

Man könnte das schmucke Dörfchen südlich von Gudhjem als unspektakulär bezeichnen, gäbe es da nicht die TOP TIPP **Østerlars Kirke** (Mo–Sa 9–17, So 13–17 Uhr), Bornholms mächtigste Rundkirche. Bauern aus dem Umland errichteten die Flucht- und Wehrkirche im 12. Jh. aus schweren Granitquadern, stützten den wuchtigen Turm mit sieben Pfeilern und weihten das Gotteshaus dem hl. Laurentius. Wächtergänge und Dach werden von einem mächtigen, fast 6,5 m durchmessenden Mittelpfeiler gestützt. Er ist ringsum mit Szenen aus dem Leben Christi und einem Bildnis vom Jüngsten Gericht freskiert. Die Bilder aus dem 14. Jh. gehören zu den bedeutendsten mittelalterlichen Malereien Dänemarks. Die eigentliche Besonderheit des Pfeilers besteht jedoch darin, dass er ausgehöhlt und mit Arkaden durchbrochen ist. Der so in seinem Inneren entstandene Raum wurde zu einer kleinen Taufkapelle umgestaltet.

Unweit nördlich vermittelt das **Middelaldercenter** (Rågelundsgård, Stangevej 1, Østerlars, Mai–Sept. tgl. 10–16 Uhr, www.bornholmsmiddelaldercenter.dk) Eindrücke vom mittelalterlichen Leben

Der mächtige Mittelpfeiler der Osterlars Kirke birgt eine kleine Kapelle

im Zeitraum 1350–1450. Auf einem ausgedehnten Areal hat man Nachbildungen von Gebäuden dieser Epoche errichtet. Vor den Werkstätten werden alte Handwerkstechniken demonstriert, außerdem kann man Bogenschießen, es gibt eine funktionierende Wassermühle und Punkt 14 Uhr rollt der ohrenbetäubende Donner einer mittelalterlichen Kanone über die Insel.

15 Nexø/Neksø

Fischerort mit Dichtermuseum an der Bornholmer Riviera.

Entlang der bezaubernden Felsküste zwischen Gudhjem und Nexø ändert sich der Charakter der Insellandschaft. Die im Süden der Insel grünere Landschaft mit Wäldern, Wiesen und Äckern geht sanft in die Strände entlang der Küste über, die sich hier nicht so schroff darstellt wie bei den Klippen des Nordens. Während im Norden Granit als Untergrund vorherrscht, dominiert an Bornholms Ostküste gelblicher und rötlicher **Sandstein**.

Nexø hat zwar nur knapp 4000 Einwohner, ist aber gleichwohl größter Fischereihafen der Insel. Auch hier verkauft eine Räucherei unmittelbar am Hafen die köstlichen goldbraunen Räucherheringe *Bornholmer*. Sie wurden wohl schon vor mehr als 100 Jahren auf dieselbe Art zubereitet, zu der Zeit, als der Schriftsteller Martin Andersen Nexø (1869–1954) hier lebte, der seinem Familiennamen den seiner Heimatstadt hinzufügte. **Andersen Nexø's Hus** (Ferskesøstræde 36, Mitte April–Mitte Okt. Mo–Fr 10–16, Sa 10–14 Uhr) heißt auch das Museum, das in dem bescheidenen Elternhaus des sozialkritischen Autors zu seinem Gedenken eingerichtet wurde. Weltweite Bekanntheit erlangte er mit seinem Roman ›Ditte Menschenkind‹ (1917–21) sowie durch die erfolgreiche Verfilmung von ›Pelle der Eroberer‹ (1906–10) durch Bille August.

Ausflug

Eine malerische Hafenbucht mit restaurierten Kaufmannshöfen entlang des Kais, **Fachwerkhäuser** mit gepflegten Gärten, dazu eine holländische Bockmühle von 1634 auf dem Aussichtspunkt *Møllebakken* – der **Svaneke** ist allemal einen Ausflug wert. Außerdem förderten 1985 Archäologen in der Nähe des Ortes 2300 *Goldgubber*, hauchdünne Goldplättchen aus der Bronzezeit, zu Tage. Teilweise waren sie als Figurenbilder mit Umrissen von Menschen und Tieren gestaltet, die vor etwa 2500 Jahren ins flache Edelmetall gestanzt wurden. Im *Bornholm Museum* in Rønne [s. S. 55] sind viele dieser wertvollen Grabbeigaben ausgestellt.

i Praktische Hinweise

Information

Nexø-Dueodde Turistbureau, Sdr. Hammer 2, Nexø, Tel. 56 49 70 79, Fax 56 49 70 10, www.nexoe-dueodde.dk

Camping

Hullehavn, Sydkovvej 9, Svaneke, Tel. 56 49 63 63, Fax 56 49 43 90, www.hullehavn.dk. Von Bäumen aufgelockertes Gelände zwischen Küstenstraße und Meer.

Hotels

****Hotel Balka Søbad**, V. Strandvej 25, 3 km südlich von Nexø, Tel. 56 49 22 25, Fax 56 49 22 33, www.hotel-balkasoebad.dk. In einem Kiefernwald am Strand gelegenes Badehotel mit netten Zimmern in skandinavischem Dekor.

Siemsens Gaard, Havnebryggen 9, Svaneke, Tel. 56 49 61 49, Fax 56 49 61 03, www.siemsens.dk. Behaglich eingerichtete Zimmer in historischem Gasthof. Ausgezeichnetes Restaurant mit Cocktail-Lounge.

Restaurant

Brasserie Truberg, Havn 4 A, Nexø, Tel. 56 49 20 90. Fantasievolle Küche mit frischen Inselprodukten.

Fachwerkfassade und grün patiniertes Turmdach stehen der Kirche von Neksø gut

16 Dueodde

TOP TIPP *Weite Dünenlandschaft bildet einen der schönsten Strände Europas.*

Der fast weiße Sand am 10 km langen und bis zu 100 m breiten **Strand** von Dueodde ist so fein, dass er früher für das Füllen von Sanduhren verwendet wurde. Damit ist allerdings Schluss, seit der gesamte **Dünengürtel** 1936 unter Naturschutz gestellt und kommerzieller Nutzung entzogen wurde. Feriengäste freilich dürfen sich nach wie vor an der riesigen Sandkiste an Bornholms **Südküste** erfreuen. Vor allem Familien mit Kindern schätzen außerdem, dass hier der Meeresgrund sanft abfällt, was risikoarmes *Baden* und Plantschen in der Ostsee erlaubt. Landeinwärts wird der fantastische Küstenstreifen von einem lichten Nadelwald begrenzt. Unmittelbar außerhalb des Landschaftsschutzgebietes haben sich einige Hotels angesiedelt. Vor allem aber gibt es mehrere *Ferienhauskolonien* und *Campingplätze*, die im Sommer von Familien mit Kindern gern besucht werden.

An der Südspitze der Insel ragt ein **Leuchtturm** (tgl. 10–17 Uhr) 47 m hoch auf. Wer sich nicht scheut, seine 197 Stu-

◁ *Kurze Ruhepause im Hafen von Neksø, bevor die Fischerboote nachts wieder auslaufen*

Unbeschwertes Freizeitvergnügen entfaltet sich im Sommer am weiten Strand von Dueodde

fen emporzusteigen, hat einen besonders guten Blick über Küstenwälder und die scheinbar endlose Dünenkulisse.

i Praktische Hinweise

Camping

Dueodde Camping og Vandrerhjem, Skrokkegårdsvej 17, Tel. 56 48 81 19, Fax 56 48 81 12, www.dueodde.dk. Ebenes Gelände in lichtem Nadelwald direkt am Sandstrand; es werden auch Familienzimmer und Wohnwagen vermietet.

Hotels

******Badehotel Dueodde**, Sirenevej 2, Nexø, Tel. 56 48 86 49, Fax 56 48 89 59, www.dueodde-badehotel.dk. Gut ausgestattete Apartments im Kiefernwald vis-à-vis des Dünengeländes.

*****Dueodde Feriepark**, Pilegårdsvejen 1, Nexø, Tel. 56 48 83 83, Fax 56 48 85 37, www.dueoddeferiepark.dk. Sommer-Ferienwohnungen für 2–6 Gäste, mit Küche und Terrasse, in Strandnähe; auch Sportanlagen, Pool und Sauna anbei.

17 Aakirkeby

Alte Hauptstadt beim Wald von Almindingen, dem grünen Herzen der Insel.

Aakirkeby entwickelte sich im 11. und 12. Jh. um einen vorzeitlichen Kultplatz und bei der Thingstätte, an der bis ins Mittelalter hinein der Gerichtstag der Insel abgehalten wurde. Bis ins 16. Jh. stritten sich der Erzbischof von Lund und der dänische König um die Herrschaft über Bornholm, das erst von Aakirkeby, später von Hammershus und schließlich von Rønne aus regiert wurde. Aakirkeby ist bis heute der größte Ort im Inselinneren, ein aufgeräumtes Städtchen mit vielen blumengeschmückten Vorgärten.

Die einschiffige **Aakirke** entstand bereits im 12. Jh. als Stiftskirche des Erzbischofs von Lund. Ihr hoher, von dicken Mauern getragener *Turm* mit Doppeldach diente wohl hauptsächlich Verteidigungszwecken. Andere Bauteile, wie das *Rippengewölbe* im Chor, kamen erst im 14. Jh. hinzu, Renaissancealtar und -kanzel stammen aus dem 16. Jh. Zur Ausstattung zählt auch ein kostbares *Taufbecken* aus Sandstein, das der gotländische Steinmetz Sighruf um 1200 schuf. Eine Reihe alter Fresken fiel leider Mitte des 19. Jh. einer ›Renovierung‹ zum Opfer.

Am südlichen Stadtrand befindet sich das ›Erlebniscenter‹ **Natur Bornholm** (Grønningen 30, April–Okt. 10–17 Uhr, www.naturbornholm.dk), in dem man dank neuester, interaktiver Technik eine virtuelle Reise in die Natur- und Entstehungsgeschichte der Insel unternehmen kann. Bilder, Töne, sogar Gerüche vermitteln einen packenden Eindruck z. B. von der Kälte der letzten Eiszeit vor ca. 15 000

Jahren oder von der Zeit vor etwa 140 Mio. Jahren, als hier ein Plesiosaurus durch tropische Sumpfwälder stapfte.

Nördlich von Aakirkeby erstreckt sich der rund 24 km² umfassende Forst von **Almindingen**, heute das zweitgrößte zusammenhängende Waldgebiet Dänemarks. Er bedeckt auch den *Rytterknægten*; mit 162 m der höchste Punkt der Insel. Hier oben stand im Mittelalter die königliche *Lilleborg*, von der jedoch nur einige Ruinenreste übrig geblieben sind.

Nylars Kirke

Auf halbem Weg in die neue Inselhauptstadt Rønne, trifft man rechter Hand auf die einsam stehende **Nylars Kirke**, die dem hl. Nikolaus geweihte, vierte Rundkirche der Insel. Ihre Außenmauern zeigen Wurfgeschoss-Spuren, die wahrscheinlich von Angriffen wendischer Piraten herrühren. Die Innenwände schmücken sehenswerte Kalkmalereien mit biblischen Szenen zu Schöpfung und Sündenfall.

i Praktische Hinweise

Information

Sydbornholms Turistbureau, Torvet 2, Aakirkeby, Tel. 56 97 12 20, Fax 56 97 58 90, www.sydborn.dk

Mehr als 800 Jahre alt ist das Taufbecken in der Aakirke, nach der auch die Ortschaft benannt wurde

In der Waldeinsamkeit von Almindingen liegen mehrere friedliche Seen, wie hier der von Bastemose

Fünen – Märcheninsel mit prächtigem Segelrevier

Sanfte Hügel, eine buchtenreiche Küste, wogende Kornfelder, eingestreute Waldpartien, dazwischen beschauliche Dörfer und Kleinstädte – kein Wunder, dass Fünen so viele schmückende **Beinamen** trägt. ›Grünes Herz‹, ›Blumeninsel‹ oder ›Garten Dänemarks‹ wird das knapp 3500 km² große Fyn, so der dänische Name, oft genannt. In der Tat liefert die Landwirtschaft neben dem **Fremdenverkehr** den größten Beitrag zur Inselökonomie. Auch Seefahrt und Fischerei sind wirtschaftlich bedeutend, was nicht überrascht angesichts der insgesamt 1100 km langen Küste des Verwaltungsbezirks **Fyns Amt**. Zu ihm gehören außer der Hauptinsel noch **Tåsinge**, **Langeland** und **Ærø** sowie 90 weitere, zum Teil winzige Eilande. Die insgesamt rund 450 000 Einwohner nennen sich selbst *Fynbo*. Mehr als ein Drittel von ihnen lebt in **Odense**, der Regionalhauptstadt im Norden Fünens, die vor allem als Geburtsstadt des Dichters Hans Christian Andersen bekannt ist.

In ganz Fyns Amt trifft man auf gut erhaltene Zeugnisse der Vergangenheit: steinzeitliche **Ganggräber** auf Langeland, ein **Schiffsgrab** der Wikinger bei Ladby oder die mehr als 150 **Kirchen** aus romanischer und gotischer Zeit sowie aus der Renaissance. Allein auf Fünen kommen dazu über 100 Schlösser, Burgen und Herrensitze. Etwas übertrieben scheint dagegen die Bezeichnung **fünische Alpen** für die fruchtbare, leicht gewellte Moränenlandschaft im Südwesten der Insel mit dem 128 m hohen *Trebjerg* als höchster Erhebung. Hier müssen dann auch die vielen Zweirad-Urlauber einmal kräftiger in die Pedale treten, für die allein auf Fünen knapp 1200 km Fahrradwege ausgewiesen sind.

18 Odense

Plan Seite 68

Kulturell vielfältige Inselhauptstadt und Heimat von Hans Christian Andersen.

Mit 177 000 Einwohnern ist Odense nach Kopenhagen und Århus die drittgrößte Stadt Dänemarks. Ihr Name entstammt grauer Vorzeit und weist auf eine **Wikingersiedlung** um ein Heiligtum für den nordischen Gott *Odin*. Schriftlich wird Odense erstmals in einem Dokument aus dem Jahre 988 als **Bischofssitz** erwähnt. Das Wachstum des regionalen Handelszentrums nahm in den folgenden Jahrhunderten weitgehend ungehindert seinen Lauf. Bedeutend war in dieser Hinsicht der Bau eines **Binnenhafens** im 18. Jh., den man über einen 7 km langen Kanal mit dem *Odense Fjord* und durch diesen mit der Ostsee verband. Die Hauptstadt von Fyns Amt präsentiert sich heute im Schnittpunkt gewachsener Handelswege als modernes **Verwaltungszentrum** und seit 1966 als lebendige Universitätsstadt mit einigen schönen alten Straßenzügen und Gebäuden im Zentrum.

Hans Christian Andersen begegnet man in Odense auf Schritt und Tritt: Straßen, Plätze, Parks und Museen sind nach dem berühmten Schriftsteller benannt, ebenso eine sommerliche Parade und die alljährlichen Festspiele. Geboren wurde er in einem der geduckten Häuschen im alten Handwerkerviertel am östlichen Altstadtrand. Heute erzählt in diesem **Hans**

◁ **Oben:** *Üppige Rapsfelder auf Fünen*
Unten: *Zu den beliebtesten Ferienaktivitäten zählen Radtouren durch die sattgrünen Inselwälder*

Christian Andersens Museum 1 (Bangs Boder 29, Mitte Juni–Aug. tgl. 9–18, sonst Di–So 10–16 Uhr) eine Ausstellung von Leben und Werk des Dichters. Sie wird ergänzt von einer Bibliothek mit seinen in 80 Sprachen übersetzten Werken. Hinzu kommen Kunstwerke, deren Entstehung durch Andersens Geschichten inspiriert wurde.

Nicht weit entfernt, ehrt das **Carl Nielsen Museet** 2 (Claus Bergs Gade 11, Juni–Aug. Do/Fr 14–18, So 12–16, Sept.–Mai Do/Fr 16–20, So 12–16 Uhr) den zweiten berühmten Sohn der Stadt, den Musiker Carl Nielsen (1865–1931), sowie seine Ehefrau, die Bildhauerin Anne Marie Nielsen. Die Sinfonien und Konzerte des bedeutendsten dänischen Komponisten werden noch immer auf den großen Bühnen der Welt gespielt, nicht zuletzt in dem *Odense Koncerthus* gleich beim Museum.

Südlich davon ist in einem stattlichen Fachwerkhaus, dem alten Münzhof aus dem 16. Jh., das **Bymuseet Møntergården** 3 (Overgade 48–50, Di–So 10–16 Uhr) untergebracht. Das ausgezeichnete Stadtmuseum bietet Ausstellungen über das Odense der Wikingerzeit und des Mittelalters mit Tausenden von Exponaten und Gerätschaften rund um Haus und Hof sowie einer 1000 Jahre umspannenden Münzsammlung.

Geht man über die Overgade nach Westen zurück ins Stadtzentrum, erreicht man schnell den viereckigen Platz **Flakhavn** 4 beim lang gestreckten, 1883 im Stil des Historismus erbauten *Rathaus*. Der Ziegelbau wurde allerdings 1955 mit modernen Anbauten beträchtlich erweitert. Südlich des Platzes erhebt sich die mächtige, aus Backstein erbaute **Skt. Knuds Kirke** 5 (Flakhavn, April–Okt. Mo–Sa 10–17, So 12–17, Nov.–März Mo–Sa 10–16, So 12–15 Uhr), der Dom der Stadt. In der Krypta des im 11. Jh. begonnenen Baus stehen die Särge des dänischen Königs Knud IV. des Heiligen, seines Bruders Benedict sowie weiterer dänischer Monarchen. Knud war, wie sein Bruder, bei einem Aufstand 1086 vor der hiesigen *Skt. Albanikirche* erschlagen worden und schon kurz nach seinem Tod von der katholischen Kirche heilig gesprochen worden. Nach mehreren verheerenden Bränden wieder auf- und umgebaut, entstand Ende des 14. Jh. der heutige dreischiffige Bau, eines der bedeutendsten gotischen Gotteshäuser Dänemarks. Als Kunstwerk von besonderem Rang gilt in seinem Inneren der vergoldete, riesige *Hochaltar*, den der Lübecker Bildschnitzer Claus Berg 1516–22 eigentlich für die Kirche des örtlichen Franziskanerklosters gefertigt hatte. Er zeigt figurenreich den Leidensweg Christi und bringt auch mehrere Mitglieder der auftraggebenden Königsfamilie unter, betend vor Christus.

Hinter der Kirche zum Ufer des Flüsschens *Odense Å* erstreckt sich die Grünanlage **Andersenhave** 6 mit einer Bronzestatue des Dichters. Im nahen **H. C. An-**

Ob ›Die kleine Meerjungfrau‹, ›Der standhafte Zinnsoldat‹ oder ›Des Kaisers neue Kleider‹ – Andersens Märchen bezaubern

Märchendichter für die Welt

Ein unbeschwerter Mensch scheint Hans Christian Andersen nicht gewesen zu sein

Wer hat nicht zumindest von ihnen gehört, von den Märchen des **Hans Christian Andersen** (1805–1875). ›Die Schneekönigin‹, ›Die Prinzessin auf der Erbse‹, ›Das hässliche Entlein‹, ›Der standhafte Zinnsoldat‹, ›Die kleine Meerjungfrau‹, ›Däumelinchen‹ oder ›Des Kaisers neue Kleider‹ – mehr als 150 fantasievolle Erzählungen haben den gefeierten, auch bei Hofe und auf Adelssitzen gern gesehenen Dichter weltberühmt gemacht.

Andersen wurde am 2. April 1805 in Odense als Sohn einfacher Eltern geboren. Am 4. August 1875 starb er hoch geehrt und wohlhabend in Kopenhagen an Krebs. Dazwischen lag ein facettenreiches, doch auch getriebenes Leben, geprägt vom geradezu zwanghaften Streben nach einem berühmten Namen, der seine Person der Vergessenheit nach dem Tod entreißen sollte.

Als ›Märchenonkel‹ wird Andersen oft vermarktet, eine Kategorisierung, die seiner Persönlichkeit und seinem vielfältigen Werk nicht gerecht wird. Mit 14 Jahren begann der ehrgeizige Junge eine Ausbildung am Königlichen Theater in **Kopenhagen**, wo er als Statist und Chorsänger ein Zubrot verdiente. Doch seine Stimme taugte nicht für die Bühne, seine Statur nicht fürs Ballett. Andersen verlegte sich aufs Schreiben, fertigte Erzählungen und Skizzen an. 1835 erschien sein erster **Roman**, ›Der Improvisator‹, der auf Anhieb ein Erfolg wurde und dem Autor sogar eine königliche Pension einbrachte. Einen Monat später kam von Andersen ein erstes **Märchenheftchen** heraus, das ihn auch dem breiten Publikum bekannt machte und dem viele weitere folgten. Dichtete er zu Beginn seiner Karriere noch Volksmärchen in dem ihm eigenen Stil um, so schöpfte er später aus seiner eigenen Fantasie.
Zugleich wurde Andersen auch einer der bekanntesten Reisenden seiner Epoche. Er unternahm Auslandsreisen, die ihn durch Europa und bis nach Nordafrika führten und deren Verläufe er in vielen **Reisebeschreibungen** festhielt. Bei seinem Tod umfasste der Nachlass des fleißigen Junggesellen u.a. mehrere Hundert **Gedichte**, sechs teils sozialkritische **Romane**, drei **Autobiografien** sowie zahlreiche **Scherenschnitte** und **Zeichnungen**.

dersens Barndomshjem 7 (Munkemøllestræde 3–5, Mitte Juni–Mitte Aug. tgl. 10–16, sonst Di–So 11–15 Uhr) verbrachte der spätere Schriftsteller die meisten Jahre seiner Kindheit, wie eine kleine Ausstellung in dem bescheidenen Häuschen dokumentiert.

TOP TIPP Am westlichen Rand des Altstadtzentrums entfaltet sich in **Brandts Klædefabrik** 8 (Brandts Torv 1, www.brandts.dk, Di/Mi und Fr–So 10–17, Do 12–21 Uhr) vielfältiges kulturelles Leben. Die 1977 stillgelegte Textilfabrik lockt mit Restaurants, Cafés, Geschäften, Ausstellungen und einem Kino, hier werden Konzerte gegeben, zeigen gleich mehrere *Museen* (jeweils Juli–Aug. tgl. 10–17, Sept.–Juni Di–So 10–17 Uhr) Handwerk-, Design- und Kunstexponate. Das **Danmarks Mediemuseum** (Brands Passage 37, Juli/Aug. tgl., sonst Di–So 10–17 Uhr, www.mediemuseum.dk) etwa zeichnet die Entwicklung des grafischen Gewerbes vom Mittelalter bis heute nach, mit Schauwerkstätten, Buchbinderei, einer Rotationsdruckmaschine in Betrieb bis hin zu den elektronischen Medien der Gegenwart.

Das **Museet for Fotokunst** (geöffnet wie Mediemuseum) stellt die Arbeiten dänischer und ausländischer Meisterfotografen vor. Und schließlich sind in den *Kunsthallen* Wechselausstellungen moderner Kunst zu sehen.

In Brandts Klædefabrik verwandeln sich Versatzstücke der Industrie zu moderner Kunst

Mit seinen kubischen, von pyramidenförmigen Dächern bekrönten weiß-gläsernen Ausstellungsgebäuden gibt sich das **Filosofgangen Fyns Udstillingsbygning for Kunst & Design** 9 (Filosofgangen 30, Di–So 11–17 Uhr, www.filosofgangen.com), kurz *Filosofgangen* genannt, schon von außen deutlich avantgardistisch. Es ist als zwangloses Informationsforum konzipiert und zeigt Wechselausstellungen und Installationen sowohl dänischer als auch internationaler Gegenwartskünstler.

Vor dem Eingang zum weiten Park **Kongens Have** 10 reckt sich die abgestufte Turmspitze der **Skt. Hans Kirke** 11 (Nørregade 42, Mo–Sa 10–16 Uhr) über die Häuser der Stadt. Die hohe dreischiffige Kirche ist der einzige Überrest eines 1280 gestifteten Johanniterklosters. Die Außenkanzel an ihrer Südwestfassade stammt noch aus vorreformatorischer Zeit. Das benachbarte Klostergebäude wurde 1575 zum Königsschloss umgestaltet. Heute beherbergt der gelb verputzte Bau die Büros der Stadtverwaltung.

Ein Muss für alle Eisenbahnfans ist das nördlich vom Hauptbahnhof gelegene **Danmarks Jernbanemuseum** 12 (Dannebrogsgade 24, tgl. 10–16 Uhr, www.jernbanemuseum.dk). Das größte Eisenbahnmuseum Skandinaviens stellt auf mehr

Originale Lokomotiven aus zwei Jahrhunderten, reichlich Zubehör und viel authentisches Ambiente erwarten Eisenbahnfreunde in Danmarks Jerbanemuseum

als 10 000 m^2 Fläche historische Loks und Salonwagen sowie Modelle aus.

Den Fynske Landsby

Beim Wald von Hunderup, 4 km südlich von Odense, zeigt das **Freilichtmuseum** Den Fynske Landsby (Sejerskovvej 20, Tel. 66 14 88 14, April–Mitte Juni/Mitte Aug.–Okt Di–So 10–17, Mitte Juni–Mitte Aug. tgl. 10–19 Uhr, www.odmus.dk), wie ein fünisches Dorf des 18. und 19. Jh. aussah. Dazu wurden Wohnhäuser originalgetreu wieder aufgebaut, Bauernhöfe, eine Zollstation, eine Windmühle, ja sogar ein Gefängnis. Im Sommer bevölkern Darsteller in zeitgenössischen Kostümen die Siedlung, bestellen mit einfachen Geräten die Gärten, backen Brot oder beschlagen Pferde. Auf der *Freilichtbühne* des Museumsdorfes finden jeden Sommer die Festspiele *H. C. Andersen Festspillene* mit Märchenaufführungen statt.

i Praktische Hinweise

Information

Odense Turistbureau, Rådhuset, Vestergade 2, Tel. 66 12 75 20, Fax 66 12 75 86, www.visitodense.com. Hier kann man u. a. den *Odense Eventyrpas* kaufen, der zu kostenlosem Eintritt bei vielen Sehenswürdigkeiten und zu diversen Ermäßigungen berechtigt.

Nachtleben

Arkaden, Vestergade 68, Odense, www.cityarkaden.dk. Neun verschiedene Bars und Discos bieten ein volles Abendprogramm.

Hotels

********H. C. Andersen****, Claus Bergs Gade 7, Odense, Tel. 66 14 78 00, Fax 66 14 78 90, www.radissonsas.com. Moderner Backsteinbau im einladenden Stadtzentrum.

***Danhostel Odense City**, Østre Stationsvej 31, Odense, Tel. 63 11 04 25, Fax 63 11 35 20, www.danhostel.dk/odensecity. Zentrale Herberge, auch für Familien.

Restaurants

Klitgaard, Gravene 4, Odense, Tel. 66 13 14 55. Moderne dänische Regionalküche, mit frischen, wohlschmeckenden Gerichten (So/Mo und Juli geschl.).

Under Lindetræet, Ramsherred 2, Odense, Tel. 66 12 92 86, Moderne Menükreationen in prominenter Lage gegenüber Andersens Geburtshaus (2. Julihälfte und letzte Woche im Dez. geschl.).

19 Nyborg

Wikinger, Danehof und eine gewaltige Brücke in Fünens Nordosten.

Jahrhundertelang machten in Nyborg die Fähren aus Korsør fest, galt die Stadt als strategischer Punkt zur Kontrolle des Schiffsverkehrs auf dem *Store Bælt*, dem Großen Belt. Seit 1998 ist dieses Kapitel Geschichte, nachdem die 18 km lange **Storebæltforbindelsen** die Wasserstraße zum östlichen Seeland überbrückt.

Die moderne Hafen- und Gewerbestadt mit 18 000 Einwohnern ist von Wäldern umgeben. Sie entwickelte sich bereits vor gut 800 Jahren um **Nyborg Slot** (Slotsgade 34, Juni tgl. 10–16, Juli/Aug. tgl. 10–17, April–Mai und Sept.–Okt. Di–So 10–15 Uhr, www.museer-nyborg.dk), eine wuchtige Burg am Großen Belt. In der Festungsstadt unterzeichnete König Erik V. (1249–1286) eine Vereinbarung, die dem Adel Mitspracherechte bei der Gesetzgebung im Rahmen der jährlichen Zusammenkünfte des **Danehofes** einräumte. Dieses Beratergremium aus den landes-

Die Burganlage Nyborg Slot war im 13. Jh. die Keimzelle des Ortes Nyborg

weit ›besten Männern‹ tagte bis 1413 im Schloss, von dessen einst vier Flügeln noch einer erhalten ist. Er vermittelt Besuchern mit Rittersaal und Reichsratsaal einen Eindruck von der mittelalterlichen Festung.

Auch wenn ein großer Brand 1798 viele der alten Fachwerkhäuser von Nyborg vernichtete, sind rund um den Marktplatz Torvet noch einige Gassen mit historischen Fachwerkhäusern erhalten. Etwa **Mads Lerches Gård** (Slotsgade 11, Juni/Aug. tgl. 10–16, Juli tgl. 10–17, März–Mai und Sept.–Okt. Di–So 10–15 Uhr), Wohnhaus des früheren Bürgermeisters Lerche von 1601, das heute ein Museum zur Stadtgeschichte birgt. Sehenswert ist auch die **Vor Frue Kirke** (Korsbrødregade 4, tgl. 9–16 Uhr), mit deren Bau im gotischen Stil 1388 begonnen wurde. Ihr fast 70 m hoher kupferverkleideter Turm wurde jedoch erst 1581 vollendet. Zur Kirchenausstattung gehört eine kunstvoll gearbeitete Barockkanzel mit Szenen des Neuen Testaments, die 1653 Anders Mortensen aus Odense schnitzte.

Die original erhaltene Fundstelle eines Wikingerschiffes wurde im Ladbyskibsmuseet für Besucher erhalten

Am östlichen Stadtrand liegt der **Nyborg Lystbådehavn**, der Jachthafen der Stadt, an dessen Kais Oldtimerboote vertäut sind. Nyborg gehört in den Sommermonaten zu den beliebtesten Ankerplätzen von Freizeitseglern.

Kerteminde

Die propere Kleinstadt Kerteminde ist ein beliebtes Ausflugsziel, ihr Fischereihafen bietet auch Liegeplätze für Segler und private Motorboote. Nahe dem Ortszentrum am Fjord stellt das 1996 eröffnete **Fjord & Bælt** (TOP TIPP) (Margrethes Plads 1, Tel. 65 32 42 00, www.fjord-baelt.dk, Juli/Aug. tgl. 10–18, Mitte Febr.–Juni und Sept.–Nov. Mo–Fr 10–16, Sa/So 10–17 Uhr) Fische und Schalentiere der Region vor. Die Schweinswale Freja und Eigil, dazu die Eiderenten Baldur und Bodil, Quallen (ohne Namen) und zahllose weitere Fische, Vögel, Krebse und Muscheln sind in ihrem nachgestalteten natürlichen Umfeld dargestellt. Ein 50 m langer, gläserner Unterwassertunnel führt die Besucher auf den Meeresgrund, ohne dass jemand Gefahr läuft, nasse Füße zu bekommen.

Lange Jahre lebte Johannes Larsen (1867–1961) in Kerteminde, einer der sog. *Fünen-Maler*, die vor etwa 100 Jahren anfingen, das Leben der einfachen Menschen und die Arbeit auf dem Lande darzustellen. Das ehem. Wohnhaus und Atelier des Künstlers, ein helles einstöckiges Gebäude auf dem Hügel Møllebakken, ist zum **Johannes Larsen Museet** (Møllebakken 14, März–Mai und Sept./Okt. Di–So 10–16, Juni–Aug. tgl. 10–17, Nov.–Febr. tgl. 11–16 Uhr, www.kert-mus.dk) umgewandelt. Darin sind etwa 500 seiner Werke ausgestellt, vor allem Gemälde und Holzschnitte.

Ladby

In dem kleinen Ort Ladby, 4 km westlich von Kerteminde, sind im **Ladbyskibsmuseet** (Vikingevej 123, Ladby, März–Mai und Sept.–Okt. Di–So 10–16, Juni–Aug. tgl. 10–17, Nov. Mi–So 11–15 Uhr, www.kert-mus.dk) die rekonstruierten Überreste von Dänemarks einzigem Schiffsgrab aus der Wikingerzeit zu besichtigen. Es wurde im 10. Jh. für einen Wikingerhäuptling angelegt, der in der Nähe mit einem 22 m langen Drachenboot, Pferden, Hunden, Waffen, Schmuck und anderen Beigaben für seine letzte Fahrt, die Reise ins Jenseits, unter einem Grabhügel an Land bestattet wurde.

Gerne schlendern Besucher durch die verspielte Renaissanceanlage von Egeskov Slot

Praktische Hinweise

Information

Nyborg Turistbureau, Torvet 9, Tel. 65 31 02 80, Fax 65 31 03 80, www.nyborgturist.dk

Nachtleben

Café Anthon, Mellemgade 25, Nyborg, Tel. 65 31 16 64. Nette Atmosphäre, Sportprogramm am Bildschirm und gute Musik, tagsüber und abends.

Camping

Bøsøre Strandcamping, Bøsørevej 16, Hesselager, Tel. 62 25 11 45, Fax 62 25 11 46. Großzügiges, teils mit Bäumen bestandenes Areal an 200 m langem Sandstrand. Für Kinder gibt es einen Spielplatz und Freizeitangebote.

Hotels

******Hesselet**, Christianslundsvej 119, Nyborg, Tel. 65 31 30 29, Fax 65 31 29 58, www.hesselet.dk. Charmantes Designerhotel aus rotem Backstein mit Pagodendach in einem Birkenwäldchen, mit tollem Blick auf die Belt-Brücke. Feinschmeckerrestaurant und gut bestückte Bar im Haus.

*****Pax**, Klintevej 45, Nyborg, Tel. 65 32 30 26, Fax 65 32 40 26, www.hotel-pax.dk. Familienhotel mit Apartments in einer Strandhausreihe.

Restaurants

Fiskehallen, Korsgade 11, Nyborg. Leckere Fish & Chips für ›'n Appel und'n Ei‹.

Rudolph Mathis, Dosseringen 13, Nyborg, Tel. 65 32 32 33. Köstlich zubereitete Fischgerichte direkt am Hafen (Mo. geschl.).

20 Egeskov Slot

TOP TIPP *Wasserburg aus dem 16. Jh., umgeben von einer herrlichen Parkanlage*

Der 1524–54 aus unterschiedlich rot und rosé getönten Backsteinen errichtete Renaissancebau gehört zu den schönsten **Wasserschlössern** Europas. Für die vielen Hundert noch immer stabilen Holzpfähle, auf denen das Gemäuer in einem See ruht, musste ein ganzer Eichenwald (dän. *Egeskov*) abgeholzt werden. Wehrhaft wirkt die dreistöckige kompakte Schlossanlage, zwei massige Rundtürme flankieren die Zugbrücke, die Schießscharten und Pechnasen im Mauerwerk deuten darauf hin, dass die adligen Bewohner mit unruhigen Zeiten rechneten. Trotzdem macht Egeskov einen friedlichen Eindruck, die Zinnen, Giebel und Kupferhauben des Gebäudes wirken geradezu verspielt. Ein Übriges tut der 15 ha große barocke Park mit herrlichen Blumengärten und einem verwirrenden Bambuslabyrinth.

Jedes Jahr besuchen in den Sommermonaten und während der dänischen Herbstferien mehr als 200 000 Gäste die zugänglichen Räume des von der Adelsfamilie Ahlefeldt-Laurvig-Bille seit 1784 bewohnten Schlosses und den Garten. Zu einem zusätzlichen Anziehungspunkt hat sich die **Oldtimer-Ausstellung** in einer einstigen Stallung am Seeufer entwickelt, die 300 Fahrzeuge, von frühen Fahrrädern, historischen Automobilen bis zu betagten Flugzeugen versammelt.

i Praktische Hinweise

Information

Egeskov Slot, Egeskov Gade 18, Kværndrup, Tel. 62 27 10 16, www.egeskov.com, Mai–Sept. tgl. 10–17, Juli tgl. 10–19, Mi bis 23 Uhr

21 Faaborg

Fachwerkidylle und Kaufmannshöfe erzählen von alten Handelszeiten.

Bereits im Jahr 1251 erhielt Faaborg Stadtrechte, und im 17. Jh. war die schmucke **Fähr-** und **Hafenstadt** am Faaborg Fjord ein wichtiger Warenumschlagplatz im Süden Fünens. Mit dem **Handel** kam der Reichtum, und noch heute strahlen kopfsteingepflasterte Straßen, Fachwerkhäuser, an denen im Sommer Stockrosen blühen, einige alte Kaufmannshöfe in der Stadt sowie das im 15. Jh. mit Durchfahrt und Stufengiebel errichtete Stadttor *Vesterport* wohlhabende Zufriedenheit aus. Im **Den Gamle Gaard** (Holkegade 1, Tel. 63 61 20 00, Mitte Mai–Mitte Sept. tgl. 10.30–16.30, April–Mitte Mai und Sept./Okt. Sa/So 11–15 Uhr), einem gut erhaltenen Kaufmannshof von 1725, ist die Stadtgeschichte mit zeitgenössischen Einrichtungsgegenständen, Schiffsmodellen und anderen nautischen Sammlungsstücken dargestellt. Jüngere Kunstgeschichte ist hinter der neoklassizistischen Fassade des **Faaborg Museum** (Grønnegade 75, April–Okt. tgl. 10–16, Nov.–März Di–So 11–15 Uhr, www.faaborgmuseum.dk) zu finden. Die Gemäldesammlung stellt die Fünen-Maler der Wende zum 20. Jh. vor, darunter Poul Christiansen, Fritz Syberg, Peter Hansen oder Johannes Larsen. Der Bildhauer Kai Nielsen (1882–1924) wird mit einer Sonderausstellung geehrt.

In den kopfsteingepflasterten Gassen von Faaberg scheint die Zeit stillzustehen

i Praktische Hinweise

Information

Faaborg Turistbureau, Banegårdspladsen 2 A, Tel. 62 61 07 07, Fax 62 61 33 37, www.visitfaaborg.dk

Fähren

Ærøfærgerne AS, Tel. 62 52 40 00. Faaborg–Søby (Ærø)

Scandlines, Tel. 62 50 10 22, www.scandlines.dk. Bøjden (westl. von Faaborg)–Fynshav/Als

Camping

Bøjden Strand Feriepark, Bøjden Landevej 12, Faaborg, Tel. 62 60 63 60, Fax 62 60 63 63, www.bojden.dk. Grünes Terrassengelände am Meer zwischen Küstenstraße und einem kleinen, teils grasbewachsenen Strand auf einer Landzunge westlich von Faaborg, mit öffentlichem Freibad.

Hotels

****Hvedholm Slot**, Horne bei Faaborg, Tel. 63 60 10 20, Fax 63 60 10 29, www.royalclassic.dk. Die repräsentative Schlossanlage ermöglicht Übernachtungen im fürstlichen Himmelbett. Zum Haus gehören Restaurant und Weinkeller.

****Ferienhotel Klinten**, Klintealle 1, Faaborg, Tel. 62 61 38 00, Fax 62 61 38 99, www.danland.de. Schön gelegene Ferienwohnungen mit Blick aufs Meer.

Freizeitkapitäne und andere Wasserratten schätzen den vorzüglichen Hafen von Svendborg

Restaurants

Faaborg Røgeri, Vestkaj 3, Faaborg, Tel. 62 61 42 32. Alles frisch aus der Räucherkammer (Ende April–Aug. tgl., sonst Do–So geöffnet).

Falsled Kro, Assensvej 513, Millinge (6 km nordwestl. von Faaborg), OT Falsled, Tel. 62 68 11 11. Zu den fantasievollen dänisch-französischen Gerichten werden gute französische Weine gereicht. 17 Zimmer und Suiten für Übernachtungsgäste (Okt.–Mai Mo. geschl.).

Korinth Kro, Reventlowsvej 10, OT Korinth, Tel. 62 65 10 23. Leichte, schmackhafte Küche in Krug von 1758.

Steensgård Herrgårdspension, Millinge (6 km nordwestl. von Faaborg), Tel. 62 61 94 90, www.herregaardspension.dk. Wildspezialitäten und französische Delikatessen in historischem Herrenhaus, umgeben von Wäldern und Feldern. 18 antik möblierte Zimmer.

22 Svendborg

Seglermetropole mit historischer Dichterklause in Fünens Süden.

Mittwoch und Samstag sind Markttage in der munteren **Hafenstadt** (40 000 Einw.) im äußersten Süden von Fyn. Dann lohnt sich ein Besuch der Stadt besonders, um durch die Budengassen und entlang der Stände zu schlendern, vielleicht frisches Gemüse, Obst oder Käse zu kaufen. Vor allem zwischen dem Marktplatz *Torvet* und der *Kysebordstræde* in der Nähe vom Gerrits Plads findet man noch ältere Straßenzüge mit einigen schönen Fachwerkhäusern, die sonst in dem gut 700-jährigen Svendborg von vielen Neubauten in den Hintergrund gedrängt werden. Die **Skt. Nikolai Kirke** (Skt. Nikolaigade 2 B, tgl. 10–16 Uhr) etwa wurde um 1220 im romanischen Stil mit drei Schiffen erbaut und Ende des 19. Jh. restauriert. Sie kombiniert glücklich historisches rotes Backsteinmauerwerk mit dekorativen Buntglasfenstern aus dem 20. Jh. über kräftigen Arkadenpfeilern. Nördlich davon dient die **Viebaeltegård** (Grubbemøllevej 13, Mai–Sept. Di–So 10–16, Okt–April Di–So 13–16 Uhr), im 19. Jh. das Armenhaus der Stadt, als Ausstellungsgebäude für traditionelle Handwerkskunst sowie archäologische Funde aus der Umgebung.

Im **Seglerhafen** liegen Dutzende von Freizeitbooten, die alten Holzschiffe, mit denen man Ausflüge unternehmen kann, haben einen eigenen Kai. Etwas außerhalb des Ortskerns dokumentiert das

Stadtmuseum im **Anne Hvides Gård** (Fruestræde 3, Mai–Sept. Di–So 10–16 Uhr), einem Fachwerkhof von 1560, die Kulturgeschichte von Svendborg.

Im westlichen Vorort **Rantzausminde**, am Skovsbostrand 8, war ein reetgedecktes Fischerhäuschen am Sund die erste Exilstation des deutschen Dramatiker- und Schauspielerehepaars Bert Brecht (1898–1956) und Helene Weigel (1900–1971). In den Jahren 1933–39 entstanden hier u. a. die *Svendborger Gedichte* mit den *Fragen eines lesenden Arbeiters*, der Text des *Einheitsfrontliedes* und der *Dreigroschenroman*.

i Praktische Hinweise

Information

Sydfyns Turistbureau, Centrumpladsen 4, Tel. 62 21 09 80, Fax 62 22 05 53, www.visitsydfyn.dk

Schiffe

Ærøfærgerne AS, Tel. 62 52 40 00. Svendborg–Ærøskøbing

Maritimt Center Charter, Havnepladsen 2, Svendborg, Tel. 62 80 00 14, Fax 62 80 02 15, www.maritim-charter.dk. Mitfahrgelegenheit auf alten Segelbooten und Charterangebote.

M/S Helge, Jessens Mole, Tel. 62 21 09 80. Besichtigungstouren mit einem Oldtimerschiff auf dem Svendborgsund (Mitte Mai–Anf. Sept.)

Einkaufen

Glasblaeseriet, Brogade 37, Svendborg, Tel. 62 22 83 73. Bietet neben geschmackvollen Glasprodukten auch nach eigenen Wünschen gefertigte Stücke.

Nachtleben

Crazy Daisy, Frederiksgade 6, Svendborg, Tel. 62 21 67 60. Tanzmusik verschiedener Stilrichtungen von Pop bis Alternative sowie Bars auf mehreren Ebenen.

Hotels

****Missionshotellet Stella Maris**, Kogtvedvænget 3, Svendborg, Tel. 62 21 38 91, Fax 62 22 41 74, www.stellamaris.dk. Etwas altmodisches Herrenhaus mit eigenem Bade- und Bootssteg am Sund.

***Svendborg Danhostel**, Vestergade 45, Svendborg, Tel. 62 21 66 99, Fax 62 20 29 39, www.danhostel-svendborg.dk. Gemütliche Zimmer, alle mit eigenem Bad.

Beschaulich liegt Valdemars Slot an der Westküste der Insel Tåsinge

Auf dem Rathausplatz von Rudkøbing auf Langeland errichteten die Bürger Hans Christian Ørsted ein Denkmal, der im 19. Jh. die Grundlagen des Elektromagnetismus erforschte

Restaurant

Pakhuset, Havnepladsen 3 a, Tel. 62 21 66 97. Frische, junge dänische Küche, im Sommer mit Plätzen im Freien.

23 Tåsinge

Ländliche Insel mit Valdemars Schloss.

Bei Svendborg führt eine 1200 m lange Brücke von Fyn zur kleinen Nachbarinsel Tåsinge. Ihre einzige größere Siedlung ist das im 18. Jh. gegründete **Troense** an der Ostküste. Südlich davon liegt einsam die Hauptsehenswürdigkeit der Insel, **Valdemars Slot** (Slotsalleen 100, Troense, Mai–Aug. tgl. 10–17, Juli bis 18, Sept. Mo geschl., 1.–18. Okt. Sa/So 10–17, www.valdemarsslot.dk), am Svendborg Sund. König Christian IV. hatte das Zweiflügel-Palais 1639–44 für seinen Sohn Valdemar Christian erbauen lassen. Admiral Niels Juel erwarb den repräsentativen Bau 1678, sein heutiges spätbarockes Erscheinungsbild verdankt er dem gleichnamigen Enkel des Admirals, der 1750 den Umbau in Auftrag gab. Ein Rundgang führt durch geschmackvoll eingerichtete, mit Stuck ausgeschmückte Wohnräume, den Königssaal mit Porträtgalerie, eine Bibliothek und durch den Rittersaal. Im ersten Stock zeigt eine Dauerausstellung Jagdtrophäen aus aller Welt. Auch der Schlosspark steht zur Besichtigung offen.

Es lohnt sich, etwas im Landesinneren, nahe der Hauptstraße, auf den Kirchturm der auf einem Hügel gelegenen **Bregninge Kirke** (Kirkebakken 1, Bregninge, tgl. 8–16, Turm bis 21 Uhr) zu steigen. Aus 72 m Höhe bietet sich bei gutem Wetter ein weiter Blick über das inselgesprenkelte Meer.

i Praktischer Hinweis

Restaurant

Valdemars Slot, Slotsalleen 100, Troense, Tel. 62 22 59 00. Fantasievolle Küche im lichtdurchfluteten Pavillon (mittags und abends, Mo geschl.).

24 Langeland

Lang gestreckte Urlaubsinsel mit vielen Fahrradwegen.

17 000 Menschen leben auf der treffend benannten, 55 km langen, jedoch nur maximal 10 km breiten Insel. Viele kleine *Strände*, reizvolle *Steilküsten* sowie im Landesinneren immer wieder eingestreute *Buchenwälder* machen das schmale Eiland mit den vielen Windmühlen und gut ausgebauten Fahrradwegen zu einem beliebten Urlaubsziel.

Wo die Brücke von der Nachbarinsel Tåsinge her Langeland im Westen erreicht, liegt die Inselhauptstadt **Rudkøbing**, eine Kleinstadt mit geduckten Häusern und alten Kaufmannshöfen. Die alte Apotheke *Den Gamle Apotek* in der reizvollen Altstadt ist Geburtshaus des Physikers Hans Christian Ørsted (1777–1851), der den Elektromagnetismus entdeckte und seines Bruders Anders Sandøe, der 1853 Premierminister von Dänemark wurde – wenn auch nur für ein Jahr.

Im Süden von Langeland lädt bei dem Dorf *Kædeby* die imposante Fundstätte eines etwa 5000 Jahre alten Dolmengrabes zu einer Besichtigung ein. **Kong Humbles Grav**, ein 55 m langes und bis zu 9 m breites Ganggrab, wurde etwa 3000 v. Chr. aus 77 mächtigen Steinquadern und -platten erbaut.

Weitaus jüngeren Datums ist das nahe **Langelandsfort** (Vognsbjergvej 4 B, Bagenkop, Mitte Mai–Sept. Mo–Fr 10–17, So 11–17 Uhr) bei Dovnsklint. Eine Beobachtungsstation der NATO zeichnete hier bis Ende des 20. Jh. Schiffsbewegungen in Kattegat und Ostsee auf. Im Fort wurde mittlerweile ein Museum über die Ära des Kalten Krieges eingerichtet.

i Praktische Hinweise

Information

Langelands Turistbureau, Torvet 5, Rudkøbing, Tel. 62 51 35 05, Fax 62 51 43 35, www.langeland.dk

Fähren

Ærøfærgerne AS, Tel. 62 52 40 00. Rudkøbing–Marstal

Scandlines, Rudkøbing, Tel. 62 50 10 22, www. scandlines.dk. Spodsbjerg–Tårs

Putziges Häuschen am hübschen Strand von Marstal auf Ærø

Fahrrad

Lapletten, Engdraget 1, Rudkøbing, Tel. 62 51 10 98. Fahrradshop mit Ausrüstungsverleih.

Camping

Ristinge Camping, Ristingevej 104 (nordwestl. von Bagenkop), Tel./Fax 62 57 13 29, www.ristinge.dk. Größtenteils von Hecken und einigen Bäumen gegliedertes, hügeliges Wiesengelände.

Hotel

*****Rudkøbing Skudehavn**, Havnegade 21, Rudkøbing, Tel. 62 51 46 00, Fax 62 51 49 40, www.rudkobingskudehavn.dk. Apartmentanlage mit Hallenpool, Restaurant und Marina vis-à-vis der Brücke.

25 Ærø

Bilderbuchlandschaft im südfünischen Inselmeer.

Auf der 88 km^2 großen, etwa wie ein Angelhaken geformten Insel leben rund 9000 Menschen. Sommerurlauber lieben den geruhsamen Aufenthalt, radeln gern gemütlich auf Fahrradwegen oder schmalen Landstraßen vorbei an wohl bestellten Feldern, an Windmühlen und reetgedeckten Katen mit bemalten, von Kletterrosen eingerahmten Haustüren. An den Küsten locken Sand- und Kiesstrände, z. B. südlich von Marstal, oder steile Klippen aus Sandstein und Tonerde wie bei Vodrup Klingt.

TOP TIPP Die älteste Siedlung auf Ærø ist **Ærøskøbing** (1200 Einw.) an der Nordostküste, das mit seinem Marktplatz aus dem 13. Jh. und den farbig getünchten Fachwerkhäusern aus dem 18. Jh. im vollständig erhaltenen Ortskern um Søndergade und Vestergade wie eine *Märchenkulisse* wirkt. Die Blütezeit des Städtchens lag im 17. Jh., als über 100 **Handelssegler** hier ihren Heimathafen hatten und die ortsansässigen Kaufleute mit der Hanse, den Dänen, den Holsteiner und im Baltikum gute Geschäfte machten. Eine Sammlung von nautischen Memorabilien, vor allem aber von mehreren Hundert *Buddelschiffen*, wie in der **Flaske-Peters Samling** (Smedegade 22, Tel. 62 52 29 50, Ende Juni–Anf. Aug. tgl. 10–17, Anf. Aug.–Mitte Okt. tgl. 10–16, Mitte Okt.–Mitte März Di–Fr 13–15, Sa/So 10–12 Uhr) von Peter Jacobsen, sieht man nicht jeden Tag. Als der Seebär und Bas-

Das Gummiboot ist zwar nicht knallrot sondern quietschgelb, doch die Kinder haben trotzdem ihren Spaß damit an und in den flachen Küstengewässern bei Ærøskøbing

telkünstler im Jahr 1960 84-jährig starb, hinterließ er 1600 Buddelschiffe und mehr als 100 detailgenaue Schiffsmodelle.

Im Hafen von **Marstal** ganz im Osten der Insel liegen Schoner, Jachten, Fischkutter und Frachtschiffe friedlich nebeneinander. Die lebhafte *Marina* gehört zu den beliebtesten Stützpunkten der *Island Hopper*, die mit ihren Seglern im Sommer in der Dänischen Südsee kreuzen. In der **Marstal Kirke** (Kirkestrade 14, tgl. 9–17 Uhr), einer alten, 1738 ausgebauten *Seefahrerkirche*, dokumentieren Votivschiffe die maritime Tradition des Ortes, ebenso das blaue *Kirchengestühl*, das für die Farbe des Meeres steht. Altar und Kanzel sind rot bemalt, symbolhaft für das vergossene Blut Christi.

Im **Marstal Søfartsmuseum** (Prinsengade 1, Mai/Sept. tgl. 10–16, Juni/Aug. tgl. 9–17, Juli tgl. 9–20, sonst Di–Fr 10–16, Sa 11–15 Uhr, www.marstal-maritime-museum.dk) sind eine Vielzahl von Galionsfiguren, Schiffsmodellen und Kapitänsporträts ausgestellt, dazu eine bunte Sammlung von Reisemitbringseln der Seeleute aus fernen Ländern. Nur einen kurzen Spaziergang entfernt, locken im Süden von Marstal feine **Sandstrände**, vor allem um die kleine Halbinsel Eriks Hale.

i Praktische Hinweise

Information

Ærøskøbing Turistbureau, Vestergade 1, Tel. 62 52 13 00, Fax 62 52 14 36, www.arre.dk

Fähren

Ærøfærgerne AS, Tel. 62 52 40 00. Søby–Faaborg, Ærøskøbing–Svendborg und Marstal–Rudkøbing

Færgeruten Ærø-Als, Tel. 62 58 17 17. Søby–Mommark

Fahrrad

Cykelforretning, Langebro 4 A, Søby, Tel. 62 58 18 42. Fahrradverleih für Groß und Klein.

Hotels

*****Ærøhus**, Vestergade 38, Ærøskøbing, Tel. 62 52 10 03, Fax 62 52 21 23, www.aeroehus-hotel.dk. Die idyllische Herberge, untergebracht in einem alten, umgrünten Fachwerkbau, bietet ihren Gästen gemütliche Zimmer mit Internetzugang. Restaurant mit Terrasse.

Den Grønne Gren, Vester Bregninge 17, Ærøskøbing, Tel. 62582045, www.dengronnegren.dk. Stilvolle und zugleich sympathische Herberge mit gesunder Küche.

Restaurants

Ærøskøbing Røgeri, Havnen 15, Ærøskøbing, Tel. 62 52 40 07. Delikatessen des Meeres, frisch aus dem Rauch in bodenständiger Umgebung.

Mumm, Søndergade 12, Ærøskøbing, Tel. 62 52 12 12. Nettes Inselrestaurant mit schönem Sommergarten.

NEILPRYDE

Süd- und Mitteljütland – Land zwischen Nord- und Ostsee

Die einzige **Landgrenze** des Inselstaates Dänemark ist die zwischen der Halbinsel *Jylland* (Jütland) und dem deutschen Bundesland *Schleswig-Holstein*. Beide Nationen stritten Jahrhunderte lang – auch in blutigen Kriegen – um die Grenzregion zwischen Flensburger Förde im Osten und dem Wattenmeer der Nordsee im Westen. Seit einer Volksabstimmung 1920 gehört Nordschleswig zu Dänemark, Südschleswig zu Deutschland. Daher leben auf beiden Seiten der Grenze starke deutsche und dänische Minderheiten, die sich heute aber als Bindeglied zwischen den beiden Ländern verstehen.

Der Süden Jütlands gilt als die Wiege Dänemarks. Hier finden sich Spuren eisenzeitlicher Siedlungen und Handelplätze der Wikinger, im 10. Jh. ließ König Harald Blauzahn die Runensteine von **Jelling** setzen, die älteste dänische Stadt **Ribe** war einst Königsresidenz und auch das trutzige Schloss von **Kolding** erzählt von lange vergangenen Zeiten. Von modernen Zeiten künden die jütländische Metropole und zweitgrößte dänische Stadt **Århus**, der geschäftige Nordseehafen **Esbjerg** oder der Handels- und Gewerbestandort **Randers**. Im Südwesten Jütlands schützt ein langer Deich die Küste vor den Sturmfluten der Nordsee. In dieser Gegend stellt die weite Dünenlandschaft auf den beiden vorgelagerten nordfriesischen Inseln **Rømø** und **Fanø** hervorragende Badeplätze zur Verfügung. Im Landesinneren präsentiert sich die anmutige hügelige Moränenlandschaft um **Silkeborg** mit Wäldern, Seen und Flüssen. Hier spielt Landwirtschaft mit Rinderzucht, Zuckerrübenanbau und im Mai leuchtend gelb blühenden Rapsfeldern die größte Rolle. In gemütlichen Orten wie **Haderslev** findet man liebevoll eingerichtete Regionalmuseen, im Sommer zuweilen mit Demonstrationen alter Handwerkstechniken oder Lebensweisen.

Mitten in Jütland liegt der kleine Ort **Billund**, in dem sich der Firmensitz des Spielzeugunternehmens **Lego** befindet, dessen bunte Plastikklötzchen seit Mitte des 20. Jh. die Welt erobern. Mittlerweile hat sich der Freizeitpark **Legoland** in Billund zu einem der beliebtesten Ausflugsziel Dänemarks entwickelt.

26 Sønderborg

Königsburg und historisches Schlachtfeld am malerischen Flensborg Fjord.

Die muntere, im Mittelalter gegründete **Marktstadt** (30 000 Einw.) breitet sich beiderseits der Klappbrücke Christian X's Bro auf der Insel Als und dem gegenüberliegenden Festland aus. Man muss wissen, dass der neu gebaute Stadtteil an der Westküste der Insel eigentlich der ältere ist, denn preußische Artillerie zerstörte den größten Teil des historischen Baubestands von Sønderborg beim Kampf um die *Dybbol Banke*, die Düppeler Schanzen, von 1864. Lediglich der abweisende Backsteinbau des mittelalterlichen **Sønderborg Slot** auf einer Landzunge am *Als Sund* erinnert an die Vergangenheit. Seine Ursprünge gehen rund 800 Jahre zurück, als Valdemar I.

◁ **Oben:** *Einfallsreich setzt Legoland die bunten Bausteine in Szene*
Unten: *Surfer finden ihren Kick vor der Küste der Insel Rømø*

Alles Glück dieser Erde liegt ja auf dem Rücken der Pferde, wenn auch bei den Ringreiterwettbewerben nicht jeder Reiter aussieht, als könnte er sich lange darauf halten

(reg. 1157–82) an dieser Stelle eine Königsburg gründete. Im Jahr 1532 wurde der abgesetzte König Christian II. für 17 Jahre in dem abgelegenen Schloss eingekerkert. Sein heutiges Erscheinungsbild im Renaissance-Stil erhielt **Sønderborg Slot** im Jahr 1720. Die mehr als 40 Räume beherbergen verschiedene kulturhistorische Sammlungen, die als **Museet på Sønderborg Slot** (Mai–Sept. tgl. 10–17, sonst Di–So 13–16 Uhr, www.sonderborgslot.dk) zusammengefasst werden und vor allem Regional- und dänische Militärgeschichte dokumentieren.

Die **Ringrider Statuen**, ein Reiterdenkmal am Søndertorv nahe Hafen und Schloss, huldigt den in Süd- und Nordschleswig populären **Ringreiterwettbewerben**, bei denen Reiter versuchen, in vollem Galopp mit einer Lanze möglichst viele der aufgehängten, knapp handtellergroßen Ringe mit kleinem Durchmesser aufzuspießen. Zwischen Mai und September finden fast an jedem Wochenende in einem anderen Ort der Region derlei Vergnügungen statt.

Auf der Halbinsel Als im Osten von Sønderborg befindet sich nahe des Ortes Havnbjerg der Erlebnispark **Danfoss Universe** (Mai–Okt. tgl. 10–18, sonst Mo–Fr 10–16, Sa/So 10–17 Uhr, www.danfossuniverse.com), der auf unterhaltsame Weise über Natur und Technik informiert, aber auch schwierige Themen wie die Erderwärmung und deren Auswirkungen auf den Menschen nicht ausspart.

i Praktische Hinweise

Information

Sønderborg Turistbureau/Destination Als, Raadhustorvet 7, Tel. 74 42 35 55, Fax 74 42 57 47, www.visitsonderborg.dk

Fähren

Færgeruten Ærø-Als, Tel. 62 58 17 17. Mommark (Als)–Søby (Ærø)

Nordische AusflugSchifffahrt, Schiffbrücke 24, Flensburg, Tel. 04 61/493 58 63, www.nas-schiffsausfluege.de. Vor allem im Sommer Verbindungen zwischen Kollund und Gråsten sowie Flensburg und Langballigau.

Scandlines, Tel. 74 47 43 43, www.scandlines.dk. Fynshav (Als)–Bøjden (Fünen)

Camping

Drejby Strandcamping, Kegnæsvej 85, Sydals, Alsen, Tel. 74 40 43 05, Fax 7440 49 73, www.drejby.dk. Weitläufige Anlage an der Südküste von Als, direkt am Steilufer über 800 m langem, 25 m breitem Sandstrand.

Hotels

***__Ballebro Færgekro__, Færgevej 5, Ballebro, Tel. 74461303. Romantisches Badehotel mit bester Küche, direkt am Alssund.

*__Danhostel Sønderborg City__, Kærvej 70, Sønderborg, Tel. 74 42 31 12, Fax 74 42 56 31, www.danhostel.dk/sonderborg. Günstige Herberge, in Zentrumsnähe.

Restaurants

Christie's Søder Hostrup Kro, Østergade 21, Aabenraa, OT Hostrup (30 km nordwestl. von Sønderborg), Tel. 74 61 34 46. Gasthaus mit behaglichen Zimmern und vorzüglicher Küche.

TOP TIPP **Fakkelgården**, Fjordvejen 44, Kruså (30 km südwestl. von Sønderborg), Tel. 73 67 83 00. Landgasthof mit hübschen Gästezimmern und exzellenter französischer Küche direkt an der Flensburger Förde. Die Fisch- und Muschelsuppe ist einfach köstlich. Doch es wäre schade, wenn kein Dessert mehr Platz hätte, z. B. die verführerisch lockere Kokosmousse.

27 Haderslev

Mittelalterlicher Dom am engen Fjord und eine Brüdergemeinde der Herrnhuter.

Vor etwa 800 Jahren errichteten Siedler eine erste Niederlassung an einer Furt, wo der von Wäldern gesäumte *Haderslev-Fjord* im Westen in den lang gestreckten See *Haderslev-Dam* übergeht. Die Wassermassen abschmelzender Gletscher hatten das knapp 25 km lange, schmale Urstromtal gegen Ende der letzten Eiszeit vor etwas mehr als 10 000 Jahren ausgekerbt. 1292 erhielt das aus der Ortsgründung entstandene Haderslev Stadtrechte. Sehr schön ist das Zentrum mit geduckten **Fachwerkhäusern** erhalten, vor allem um Slotsgade, Am Store und Lille Klingberg. Die **Vor Frue Domkirke** (Torvet, Mai–Sept. Mo–Sa 11.30–17, So 11.30–17, sonst tgl. 10–15 Uhr), eine gotische Hallenkirche aus dem 13.–15. Jh., überragt die engen Gassen. Aus 16 m hohen Chorfenstern strömt das Licht ins Kircheninnere. Dort lohnt besonders der Altar mit einem romanischen Kruzifix aus dem 13. Jh. sowie Alabasterfiguren der Apostel aus dem 14. Jh. die Betrachtung. Im Chor wird bei Taufen ein Taufbecken von 1485 noch immer genutzt. Nordöstlich davon ist auch das **Haderslev Museum** (Dalgade 7, Juni–Aug. Di–So 10–16, sonst Di–So 13–16 Uhr, www.haderslev-museum.dk) mit einer herausragenden archäologischen Sammlung und vielen Exponaten zur Lokalgeschichte einen Besuch wert. Zu sehen sind etwa Schwerter, Lanzen und Pfeilspitzen aus der Eisenzeit, dazu Goldschmuck aus der Bronzezeit.

Christiansfeld

Ein Stopp in Christiansfeld (2500 Einw.), einer Siedlung der **Herrnhuter Brüdergemeine** etwa 15 km nördlich von Ha-

Weithin sichtbar ist die auf dem höchsten Punkt von Haderslev erbaute Vor Frue Domkirke

derslev, entführt in eine andere Welt. Bis auf den heutigen Tag leben hier Mitglieder einer aus der Oberlausitz stammenden protestantischen Freikirche, deren Vorfahren sich 1773 an diesem Ort niedergelassen hatten. Die holzverkleidete, auch innen sehr schlichte **Brødremenighedens Kirke** ist statt mit einer Kanzel mit einem Predigttisch ausgestattet und bietet 1000 Menschen Platz. Inmitten der Stadt, doch nicht weit von der Kirche, liegt der **Gottesacker** genannte Friedhof, in dem Männer links, Frauen rechts vom Mittelgang unter alten Lindenbäumen in langen Reihen bestattet sind.

i Praktische Hinweise

Information

Haderslev Turistbureau, Honnørkajen 1, Tel. 74 52 55 50, Fax 74 53 46 67, www.haderslev-turist.dk

Fähre

Haderslev Fjord Sejlads, Honnørkajen 1, Haderslev, Tel. 74 52 55 50. In den Sommermonaten schnauft der Raddampfer ›Helene‹ den langen Haderslev Fjord entlang und macht u. a. an der Insel Årø vor der Küste Halt.

Hotel

***__Harmonien__, Gåskærgade 19, Haderslev, Tel. 74 52 37 20, Fax 74 52 44 51, www.harmonien.dk. Im Jahr 1793 erbautes Hotel mit 23 gediegen eingerichteten, doch modern ausgestatteten Zimmern. Im Restaurant begrüßte man schon häufiger königliche Gäste.

28 Kolding

Moderne Fjordstadt am kleinen Belt.

An der Mündung des Flüsschens Kolding Å in den gleichnamigen Fjord kreuzten sich seit alters her die West-Ost-Handelswege mit den von Nord nach Süd verlaufenden. Bereits 1268 ließ der dänische König Erik IV. dieses wichtige Wegekreuz mit **Koldinghus Slot** (tgl. 10–17 Uhr, www.koldinghus.dk) befestigen. Das Schloss auf einem Hügel über der Stadt avancierte bald zum Lieblingssitz früherer dänischer Monarchen, die den festungsartigen Wohnpalast immer wieder umbauen ließen. Unter Christian IV. wurde der **Kæmpetårn**, der sog. Heldenturm, angebaut, von dem aus man bis heute den besten Blick auf die darunter liegende Hafenstadt am Fjord genießt. Das eigentliche Schloss fiel jedoch im März 1808 einem *Brand* zum Opfer, den einquartierte spanische Truppen des mit Dänemark verbündeten Napoleon aus einem lodernden Kaminfeuer entstehen ließen.

Nach einer ebenso einfallsreichen wie gelungenen Restauration bietet das Innere von Koldinghus Slot wieder einen stimmungsvollen Rahmen für Historienausstellungen

Ergänzung der Moderne: kubischer Erweiterungsbau beim Kunstmuseum Trapholt

Erst vor wenigen Jahren wurde die Restaurierung des Bauwerks abgeschlossen. Nun sind in den Schlosssälen Gemälde, Kunsthandwerk, Porzellan und Silber zu sehen, der erst jüngst mit einer spektakulären **Holzkonstruktion** wieder hergestellte Innenraum der ehem. Brandruine wird für Sonderausstellungen und Konzerte genutzt.

Der 12 ha große botanische Garten **Geografisk Have og Rosenhaven** (Christian IV. Vej, Mai–Sept. tgl. 10–18, www.geografiskhave.dk) am südlichen Ortsrand von Kolding gruppiert mehr als 2000 verschiedene, überwiegend exotische Blumen, Büsche und Sträucher nach ihrer geographischen Heimat zusammen. Im angrenzenden Rosengarten sind mehr als 100 Arten der ›Blumenkönigin‹ zu bewundern.

Eine Reise nach Kolding lohnt allein schon, um das 1988 eingeweihte TOP TIPP **Kunstmuseum Trapholt** (Æblehaven 23, www.trapholt.dk, Di–So 10–17, Mi bis 20 Uhr) zu besuchen, eine wunderbar gestaltete Ausstellung moderner Kunst am Kolding Fjord, etwa 4 km östlich der Stadt. Im niedrigen reetgedeckten Wohnhaus des Stifters Gustav Johannes Lind (1886–1984) und den beiden weißen kubischen Anbauten machen Bilder, Plastiken, Keramik, Installationen und eine einzigartige Abteilung zu zeitgenössischem dänischen Möbeldesign von sich reden. Zu sehen sind Werke u. a. von Franciska Clausen, Richard Mortensen, Ejler Bille, Anna Ancher oder Peter Bonde.

i Praktische Hinweise

Information

Kolding Turist Information, Akseltorv 8, Tel. 76 33 21 00, Fax 76 33 21 20, www.visitkolding.dk

Schiff

Fjordsejlads, Kolding, Tel. 76 33 21 00. Kreuzt im Sommer in den Fjorden zwischen Horsens und Kolding.

Hotels

******Hotel Koldingfjord**, Fjordvej 154, Strandhuse, Tel. 75 51 00 00, Fax 75 51 00 51, www.koldingfjord.dk. Grandhotel im grandiosen Gebäude eines 1911 erbauten ehem. Sanatoriums. Großzügige Zimmer mit bestem Blick auf den Fjord. Im Haus befindet sich ein ausgezeichnetes Restaurant.

TOP TIPP ******Kolding Byferie**, Kedelsmedgangen 2, Kolding, Tel. 75 54 18 00, Fax 75 54 18 02, www.kolding-

Von Dänen und Deutschen

Es gibt einen **Bund deutscher Nordschleswiger** in Sønderjylland und einen dänischen **Südschleswigschen Wählerverband** im deutschen Bundesland Schleswig-Holstein. Die kulturellen Minderheiten beiderseits der Landesgrenze sind das Ergebnis jahrhundertelanger Auseinandersetzungen um das Land zwischen den Flüssen Eider und Kolding Å. Nach dem deutsch-dänischen Krieg von 1864 wurden die Herzogtümer Schleswig und Holstein von Preußen und Österreich gemeinsam verwaltet, nach dem Deutschen Krieg von 1866 endgültig Preußen zugeschlagen. 1920, nach der Niederlage des deutschen Kaiserreiches im Ersten Weltkrieg, kam nach einer Volksabstimmung der nördliche Teil an Dänemark zurück. In der **Bonn-Kopenhagener Erklärung** von 1955 wurde diese Grenzlinie bekräftigt und die großzügig ausgestalteten Rechte der jeweiligen nationalen Minderheit festgeschrieben. Diese deutsch-dänische Regelung gilt nicht nur in Europa als mustergültig und beispielhaft. Doch die vermeintliche Idylle darf nicht darüber hinweg täuschen, dass viele Dänen in Sønderjylland befürchten, der Riese jenseits der Grenze könnte seine Hände erneut nach Norden ausstrecken, etwa im Gewand eines vereinten **Europa**. So ist zu verstehen, dass Deutsche keine Ferienhäuser an den dänischen Küsten erwerben dürfen, freier Kapitalmarkt hin oder her.

Von König Harald vor mehr als 1000 Jahren in Auftrag gegeben, berichtet der Runenstein von Jelling noch heute von den Taten des ersten christlichen Herrschers Dänemarks

byferie.dk. Architektonisch faszinierendes Apartmenthotel am Ufer des Sees von Koldinghus Slot, mit modernen Gebäuden aus Stahl, Beton und Glas, jedes in einer anderen geometrischen Form errichtet. Gäste dürfen die benachbarten Thermen kostenfrei nutzen. Mindestaufenthalt drei Nächte.

Restaurants

Cafe Koldinghus, Koldinghus 1, Kolding, Tel. 75 50 47 98. Kleine Speisen und leckere Kuchen im Schlosskeller.

Repos, Skovbrynet 1 (im Hotel Comwell), Kolding, Tel. 76 34 13 90. Neben der dänisch-französischen Abendkarte ist vor allem das Mittagsbuffet mit dänischen Spezialitäten zu empfehlen.

29 Jelling

›Taufschein‹ der Dänen und großartiges Zeugnis nordländischen Königtums.

Nach nur einem Dutzend Kilometer entlang der sog. *Margeritenroute* durch das anmutige Greijsdal nordwestlich von Vejle erreicht man das Dörfchen Jelling. In seinem Zentrum dominiert die **Jelling Kirke** (Mo–Fr 10–17, Sa 8–16 Uhr) aus dem 12. Jh., eine der ältesten Kirchen des Landes. Das romanische, weiß gekalkte Gotteshaus wurde wiederholt restauriert, die Kalkmalereien im Inneren zum Leben Christi sind keine Originale. Ganz nahe der südlichen Kirchenmauer erheben sich zwei **Runensteine**, die sogar noch 200 Jahre älter sind als die Kirche. Den kleineren der beiden unregelmäßig geformten, grob behauenen Granitbrocken ließ König Gorm zu Beginn des 10. Jh. errichten; die Inschrift erinnert an Königin Thyra, ›den Stolz Dänemarks‹. Die Runen auf dem größeren verkünden übersetzt: ›König Harald gebot, dass dieses Denkmal seinem Vater Gorm und seiner Mutter Thyra errichtet wurde; der [Harald] sich ganz Dänemark und Norwegen unterwarf und die Dänen zu Christen machte‹. Neben Runen und Schlangenornamenten ist auf diesem Findling, der oft als ›Wiege‹ oder ›Taufschein Dänemarks‹ bezeichnet wird, auch Jesus mit ausgebreiteten Armen eingraviert.

In dem nördlichen der beiden mächtigen, 9 und 11 m hohen **Grabhügel** beiderseits der Kirche wurde bei Ausgrabungen eine leere Grabkammer im Erdreich entdeckt, in der möglicherweise das erwähnte Königspaar Gorm und Thyra bestattet war.

Billund

Die Spur der Steine führt weiter nach Westen, wo in dem Ort Billund der Vergnügungspark **Legoland** (Tel. 75 33 13 33, www.legoland.dk, Mitte März–Ende Juni und Mitte Aug.–Ende

Top Tipp

Okt. 10–18, Wochenende und Ferien 10–20, Ende Juni–Anf. Juli und Mitte Aug. 10–20, Anf. Juli–Mitte Aug. 10–21 Uhr, Schließtage s. Internet) jährlich mehr als 1 Mio. Besucher anzieht. Die Idee zu dem ebenso einfachen wie vielseitigen Spielzeug hatte Firmengründer Ole Kirk Christiansen (1891–1958), aus seinem Werbespruch ›Leg goth‹, ›Spiel gut‹, entstand der weltweit bekannte Markenname Lego. Heute kennt jeder die Plastikbausteine, von denen in Legoland rund 50 Mio. Stück zu Sehenswürdigkeiten unserer Erde verarbeitet sind. Bei einem Rundgang durch das 7,5 ha große Gelände sieht man etwa das Weiße Haus, das Kennedy Space Center, Schloss Neuschwanstein, Stadtpanoramen und die Atlantis-Unterwasserwelt. Außerdem flitzen Achter- und Wasserbahnen über Berg und Tal.

Die ganze Welt aus bunten Steinen

i Praktische Hinweise

Flughafen

Bei Billund liegt der größte Flughafen (Tel. 76 50 50 50, Fax 76 50 50 76, www.bll.dk) Jütlands. Von dort gehen Flüge nach Kopenhagen, aber auch nach London, Frankfurt, Stockholm, Brüssel, Amsterdam und per Charter in viele Feriengebiete rund ums Mittelmeer.

›Klassisch dänisch‹ geben sich die Flower Pot Lampen des Designers Verner Panton

Modernes dänisches Design

Klare Formen, am Verwendungszweck ausgerichtete Entwürfe, einfache, mit großer Selbstverständlichkeit geführte Linien: Diesen Prinzipien folgt dänisches Design seit nunmehr 50 Jahren, ob bei der Konzeption von Konzerthäusern, beim Entwerfen von Möbeln oder beim Gestalten von Bestecken.

Architekten wie **Jørn Utzon** (*1918), der das 1973 fertig gestellte Opernhaus von Sydney entworfen hat, oder **Johan-Otto von Spreckelsen** (1929–1987), dessen 1989 eingeweihter Grand Arche in Paris als Fenster in die Zukunft das Gegenstück zum historischen Arc de Triomphe darstellt, haben den Ruhm dänischer Gestaltungskunst in die Welt getragen. Ihr ebenfalls berühmter Kollege **Arne Jacobsen** (1902–1971) beschränkte sich nicht auf den Bau von modernen Hochhäusern. Er entwarf auch Gebrauchsgegenstände, Essbestecke etwa oder die stapelbaren Stühle ›Ameise‹ (1952) und ›Serie 7‹ (1955), die mit ihren dünnen Stahlrohrgestellen sowie der Sitz- und Rückenfläche aus einem einzigen Stück formgepressten Holzes noch immer zu den Klassikern ästhetischer Funktionalität gehören. Zu den internationalen Verkaufsschlagern zählen auch die PH-Lampen von **Poul Henningsen** (1894–1967), vor allem die Serie Nr. 5 von 1958, oder die 1968 entstandenen Flower Pot Leuchten von **Verner Panton** (1926–1998).

Im Kunstmuseum Trapholt in Kolding [s. S. 85] oder im New Yorker Museum of Modern Art sind Ikonen dänischen Möbeldesigns, innovativ gestaltete Hifi-Geräte von Bang & Olufsen oder genial schlichte Lego-Bausteine bereits als **Kunstwerke** ausgestellt.

Die ›Staupefigur‹ auf dem Marktplatz von Tønder mahnt Gesetzestreue an

Hotel

****Jelling Kro**, Gormsgade 16, Jelling, Tel. 75 87 10 06, Fax 75 87 10 08, www.jellingkro.dk. Historischer, königlicher Krug von 1842 mit modernem Komfort. Das Hausrestaurant serviert ausgezeichnete Fischgerichte.

30 Tønder

Klöppelkunst und Weihnachtsmarkt in den Marschen des Südwestens.

Tønder gilt als Hauptstadt des Marschlandes von Südwestjütland. Die 13 000 Einwohner zählende Gemeinde liegt am Ufer des Flusses Vidå unmittelbar nördlich der heutigen deutsch-dänischen Grenze und ist u.a. Heimat einer nennenswerten deutschsprachigen Minderheit. Im Mittelalter war Tønder noch Hafenstadt, doch nachdem ab dem 16. Jh. entlang der Küste zum Schutz gegen die Nordseefluten Deiche errichtet wurden, versandete der Zugang zum Meer. Danach wandten sich die Frauen und Mädchen des Ortes dem Klöppeln von Spitze zu. Der Export der filigranen Handarbeiten brachte beachtlichen Reichtum, wovon die prächtigen *Patrizierhäuser* aus dem 17. Jh. entlang der alten Hauptstraßen Østergade, Storegade und Vestergade zeugen.

Der 50 m hohe achteckige Turm der **Kristkirken** (Kirkepladsen, tgl. 9–16 Uhr) überragt die Dächer der Altstadt an der Vidå und diente früher sogar als Landmarke für Schiffe, die vor der nahen Küste segelten. Das ursprünglich im 14. Jh. gotisch errichtete Gotteshaus wurde ab 1591 mit Renaissanceelementen überformt. Im lichten dreischiffigen Innenraum fallen besonders die Kanzel von 1586 im Hauptschiff auf sowie links vom Altar das von Ambders 1686 im Stil der niederländischen Meister gemalte Bild ›Darbringung im Tempel‹. In der Nähe ist ein runder einstiger Wasser- zum Museumsturm, dem **Museumstårnet**, umgebaut und beherbergt auf drei Stockwerken die **H. J. Wegner Udstilling** (Kongevej 55, Juni–Aug. tgl. 10–17, Sept.–Mai Di–So 10–17 Uhr). Die Ausstellung zeigt Kreationen des 1914 in Tønder geborenen Hans J. Wegner, eines Protagonisten des modernen dänischen Möbeldesigns.

Zwei Festivitäten locken im Sommer und im Winter besonders viele Besucher ins schöne Tønder. Ende August versammeln sich rund 25 000 Zuschauer aus nah und fern beim **Tønder Festival** (Info-Büro Tel. 74 72 46 10, www.tf.dk), bei dem Volksmusikgruppen aus aller Welt auftreten.

TOP TIPP Eine Besonderheit in Dänemark ist der Weihnachtsmarkt **Julemarket**, der seit 1994 von Mitte November bis zum Wochenende vor Weihnachten auf dem Torvet und in den umliegenden Straßen stattfindet. Bis aus Hamburg kommen die Gäste, um die gemütliche Atmosphäre zwischen den Buden und Ständen zu genießen, sich vom riesigen Angebot an Kunsthandwerk, Dekorationen und Geschenken inspirieren zu lassen, in der Gamle Apotek (Østergade 1) Weihnachtsschmuck zu bewundern und um sich mit *Gløgg*, dem gehaltvollen Weinpunsch, zu wärmen.

Møgeltønder

Wer sich in Tønder aufhält, sollte unbedingt das 4 km weiter westlich gelegene Møgeltønder besuchen, ein **Bilderbuchdorf** mit Fachwerkhäusern aus dem 17. und 18. Jh. entlang der lindenbestandenen Slotsgade. Die Allee führt am östlichen Ortsrand auf **Schackenborg Slot** (17. Jh.) zu, wo nach seiner Scheidung von seiner Frau Alexandra im Jahr 2004 Prinz Joachim von Dänemark alleine lebt. Im Juni, Juli und August ist der Schlosspark für halbstündige geführte Besichtigungen (genaue Zeiten beim Tønder Turistbureau erfragen, auch Tickets gibt es dort), geöffnet.

Fresken aus dem 13. Jh., der Entstehungszeit der Kirche, schmücken die Innenwände der wuchtigen **Møgeltønder Kirke** (Slotsgade, Mai–Sept. 8–16, sonst 9–16 Uhr). Daneben sind ein romanischer *Taufstein* und eine barocke *Kanzel* aus dem 16. Jh. sehenswert. Besonders lohnt ein Besuch, wenn auf der *Hamburger Orgel* von 1679 Konzerte gegeben werden (Tel. 74 73 85 96).

Ausflug

TOP TIPP Etwa 18 km nördlich von Tønder prägen die Ruinen des **Løgumkloster** (Klostervej, Mai–Okt. Mo–Sa 10–18.30, So 12–17, sonst Mo–Sa 10–16, So 12–16 Uhr) das gleichnamige Dorf. Erhalten blieb ein eindrucksvoller Kirchenbau sowie ein Teil des früheren Ostflügels mit Bibliothek, Sakristei und Kapitelsaal. Sie gehörten zum 1173 gegründeten und bis 1330 ausgebauten ehemaligen Zisterzienserkloster *Locus Dei*, ›Ort Gottes‹, das während der Reformation aufgelöst wurde. Die erhaltenen Bauten vereinen Elemente des romanischen und des frühgotischen Stils, z. B. im oberen Gebäudebereich mit Pfeilern und spitzbögigen Fensteröffnungen über rundbogigen im Erdgeschoss. In der schlichten Kirche bestechen der Anfang des 14. Jh. gefertigte Reliquienschrein mit 16 heute leeren Fächern sowie ein um 1300 entworfenes gotisches Triumphkreuz. Vom separat stehenden, 25 m hohen modernen Kirchturm ertönt mehrmals am Tag das Geläut von nicht weniger als 49 Glocken.

Kreuzfidel sind Musiker und Publikum beim Tønder Festival Ende August

Puppenstubenromantik verbreiten die niedlichen Katen in Møgeltønder

Praktische Hinweise

Information

Tønder Turistbureau, Torvet 1, Tel. 74 72 12 20, www.visittonder.dk

Hotels

******Schackenborg Slotskro**, Slotsgarden 42, Møgeltønder, Tel. 74 73 83 83, Fax 74 73 83 11, www.slotskro.dk. Am historischen Gasthof mit ausgezeichnetem Restaurant ist Prinz Joachim von Dänemark, zweiter Sohn Königin Margrethes, beteiligt.

****Tønderhus**, Jomfruestien 1, Tønder, Tel. 74 72 22 22, Fax 74 72 95 92, www.hoteltoenderhus.dk. Gediegene Herberge inmitten des Ortes, mit kleinem Café und gutem Restaurant.

***Danhostel Tønder**, Sønderport 4, Tønder, Tel. 74 72 35 00, Fax 74 72 27 97, www.toenderdanhostel.dk. Günstige Herberge am Ortsrand im Grünen.

Restaurant

Stig's Restaurant, Sdr. Landevej 3, Tønder, Tel. 74 72 00 46. Winziges Restaurant mit ›großer‹ Küche. Unbedingt vorbestellen.

Eine steife Brise ist den Drachenlenkern am Strand von Lakolk hoch willkommen

31 Rømø

Sylts nördliche Schwester lockt mit Traumstrand und viel Watt.

Die mit 99 km² größte dänische Insel in der Nordsee gehört zu den nordfriesischen Inseln. Die *Lister Tiefe* trennt das Eiland vom südlich benachbarten Sylt. Seit 1948 verbindet eine fast 10 km lange Dammbrücke Rømø mit dem Festland. 850 Einwohner verteilen sich auf mehrere winzige Siedlungen im Inselosten, doch in den Sommermonaten übersteigt die Zahl der Urlauberübernachtungen regelmäßig die Millionengrenze. Vor allem lieben die Gäste den breiten Sandstrand, der Rømøs gesamte Westküste umfasst.

TOP TIPP Der fast 800 m breite Strand bei **Lakolk** etwa ist ein Paradies für Badeurlauber und Windsurfer. Kilometerlang zieht sich der feine weiße Sand an der Küste hin, unendliche Weiten, nur im Norden der Insel durch ein militärisches Sperrgebiet begrenzt. Eines der reetgedeckten Häuser des Ortes Lakolk Tvismark beherbergt das Turistbureau. Unmittelbar dahinter lohnt der Besuch des kleinen **Naturcentret Tønnisgard** (Havnebyvej 30, Febr.–Okt. Mo–Fr 10–16 Uhr) mit einer Ausstellung zu Flora und Fauna der Insel, das auch geführte Wanderungen durch Watt und Marsch anbietet.

Im Inselinneren kann man in lichten **Kiefernwäldern** spazieren gehen, in den **Feuchtgebieten** der Wattseite brüten Seevögel. Bei klarem Wetter kann man mit einem guten Fernglas und etwas Glück auf Sandbänken im Meer mehrere der hier heimischen 1500 Robben beim Sonnenbad beobachten.

In dem Ort *Toftum* nahe der Ostküste erinnert der **Kommandørgården** (Guvrevej 60, Tel. 74 75 52 76, Mai–Sept. Di–So 10–18, April/Okt. bis 15 Uhr), das restaurierte Wohnhaus eines Walfängerkapitäns aus dem 18. Jh., an die Seefahrer- und Walfangtradition der Inselbewohner.

Praktische Hinweise

Information

Rømø Turistbureau, Havnebyvej 30, Tvismark, Tel. 74 75 51 30, Fax 74 75 50 31, www.romo.dk

Fähre

Rømø/Sylt Linie, Havneby, Tel. 74 75 53 03. Im Sommer bis zu 9-mal tgl. zwischen Havneby und List auf Sylt.

Ungewöhnliches Erinnerungsstück: Walknochen vor dem Fremdenverkehrsbüro von Rømø

Sport

Hotel Garni, Nørre Frankel, Havneby, Tel. 74 75 54 80. Fahrradverleih im Hotel Garni für Ausflüge.

Rømø Ranch, Gamle Skolevej 8 A, Kongsmark, Tel. 74 75 61 36, www.romoranch.dk. Die Rømø Ranch bietet die Gelegenheit zu Reitunterricht (einzeln oder in Gruppen) und herrlichen Ausritten in der schönen Natur und entlang des Strandes.

Nachtleben

Make Up, Butikstorv, Lakolk, Tel. 74 75 59 23. Die Sommerdisko öffnet Do–So 22–4 Uhr die Pforten.

Camping

Lakolk Camping, Lakolk, Tel. 74 75 52 28, Fax 74 75 53 52, www.lakolkcamping.dk. Großes Wiesengelände direkt am Superstrand.

Hotels

*__Danhostel Rømø__, Lyngvejen 7, Havneby, Tel. 74 75 51 88, Fax 74 75 51 87, www.danhostel.dk. Preisgünstige Unterkunft in reetgedecktem ehem. Bauernhof.

Rømø Golf & Wellness, Vestergade 31, Havneby, Tel. 70 23 77 47, Fax 70 23 77 46, www.rgw.dk. Schöne Ferienwohnungen, Wellnesscenter und Golfplatz für einen entspannten Urlaub.

Restaurant

Otto & Ani's Fisk, Havnepladsen, Havneby, Tel. 74 75 53 06. Beliebter Imbiss mit leckeren Fischspezialitäten.

32 Ribe

Plan Seite 93

TOP TIPP *Wikingersiedlung und mittelalterliche Königsresidenz.*

Es macht Spaß, durch die schmalen kopfsteingepflasterten Gassen von Ribe (8000 Einw.) zu schlendern, vorbei an niedrigen Fachwerkhäusern und netten Geschäften aus rötlichem Backstein. Bereits ab dem 9. Jh. war der Ort eines der wichtigsten **Handelszentren** der Wikin-

Hoch hinaus wollen die Störche in Ribe, die auf Schornsteinen ihre Nester bauen

Sternförmig führen die mittelalterlich engen Gassen von Ribe auf die Domkirke zu

ger, wozu nicht zuletzt der Hafen am Flüsschen Ribe Å beitrug. Dies schien dem Missionar Ansgar im Jahr 860 ein guter Platz für den Bau einer der ersten Kirchen Dänemarks. 948 wurde Ribe **Bischofssitz** und um 1200 ließen die Könige der Valdemar-Dynastie in dem wichtigen Warenumschlagplatz eine *Residenz* errichten, das sog. **Ribehus** ❶, von dem jedoch nur noch wenige Steine im Nordwesten der heutigen Stadt aufeinander stehen. Mit der Versandung des Flüsschens Ribe Å im 17. Jh. begann der langsame Abstieg in die kleinstädtische Vergessenheit, der Ribe sein wunderbar erhaltenes mittelalterliches Stadtzentrum verdankt. Hier stehen mittlerweile über 110 Häuser unter **Denkmalschutz** und auf den Dächern des Städtchens entdeckt man vereinzelt bewohnte Storchennester. Abends um 22 Uhr (im Sommer zusätzlich um 20 Uhr) macht ein historisch gewandeter Nachtwächter die Runde, der die Ruhezeit anmahnt.

Das imposanteste Bauwerk der Stadt ist die zentrale **Domkirke** ❷ (Torvet, Mai–Sept. tgl. 10–17, Juli–Mitte Aug. tgl. 10–17.30, April/Okt. tgl. 11–16, sonst bis 15 Uhr) am Westufer der Ribe Å. Sie wurde 1150–75 zunächst romanisch erbaut, nahm Anregungen der rheinischen Kirchenarchitektur auf und wurde später gotisch umgestaltet. Seinen *Nordwestturm* erhielt der fünfschiffige Kirchenbau, der im Laufe der Zeit annähernd 2 m in den Marschboden eingesunken ist, erst 100 Jahre später, nachdem ein erster eingestürzt war. Treppen führen zu einer Aussichtsplattform in knapp 52 m Höhe, von der aus man einen weiten Blick auf Stadt und Umland genießt. Früher diente das Südportal als Eingangstür, das nach den darauf angebrachten Torziehern in Form von Löwenköpfen *Kathoveddør*, ›Katzenkopftür‹, genannt wird. Das mittelalterliche Relief der Kreuzabnahme über dem Portal stammt wahrscheinlich aus der Entstehungszeit des Doms. Im hellen Kircheninneren ist der *Altarbereich* mit 1982–87 entstandenen modernen Fresken, Mosaiken und Buntglasfenstern von Carl-Henning Pedersen (*1913) ge-

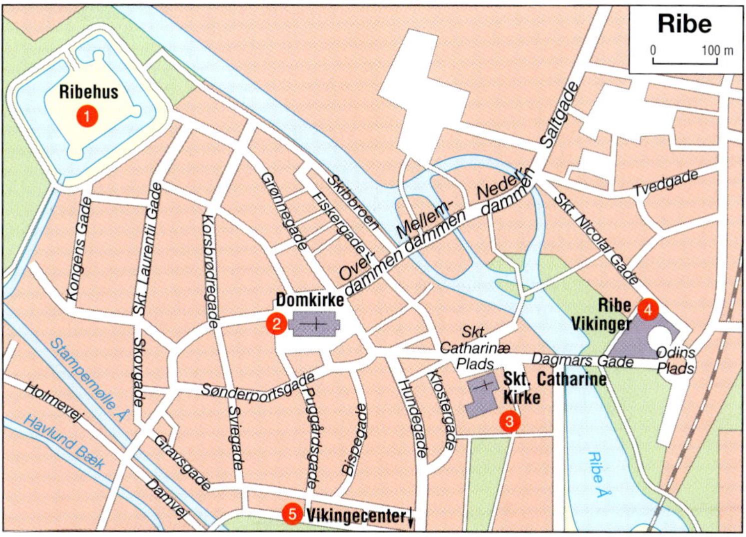

staltet, die in faszinierendem Spannungsverhältnis zur historischen Kirchenkunst ringsum stehen.

Auf halbem Weg zum Fluss liegt die **Skt. Catharine Kirke** 3 (Skt. Catharine Plads, Mai–Sept. tgl. 10–12 und 14–17, Okt.–April bis 16 Uhr), die zu einem ab 1228 erbauten Dominikanerkloster gehört. Der heutige, eher nüchterne Bau stammt aus dem 15. Jh. Um den ausgezeichnet restaurierten Kreuzgang liegen heute Stiftswohnungen für betagte, alleinstehende Damen.

Am Ostufer, jenseits der Ribe Å, informiert das wunderbar gestaltete Museum **Ribe Vikinger** 4 (Odins Plads, April–Juni tgl. 10–18, Juli/Aug. tgl. 10–18, Mi bis 21, Sept./März tgl. 10–16, Nov.–März Di–So 10–16 Uhr, www.ribesvikinger.dk) zur Geschichte der Stadt während der Wikingerzeit und im Mittelalter. Lebensgroße Szenarien und modernste Technik gestalteten die Präsentation der Ausgrabungsergebnisse sehr ansprechend. Das Museumsteam betreibt darüber hinaus archäologische Forschungen, vor allem auf

Das Museum Ribe Wikinger stellt die kühnen Nordleute auch als seekundige Händler vor

historischen Siedlungsplätzen im Norden der heutigen Stadt Ribe.

Anschaulich geht es auch im **Vikingecenter** 5 (Lustrupvej 4, Mai–Sept. tgl. 10–15.30, Juli/Aug. tgl. 10–17 Uhr, www.ribevikingecenter.dk) am südlichen Stadtrand zu, in dem ein Marktplatz aus dem 8. Jh. und eine Wikingersiedlung um 1050 nachgestellt sind. Zwischen grob gezimmerten Ständen, einer Schmiede und geräumigen Holzhäusern kann man selbst erfahren, wie die legendären Nordmänner und -frauen lebten und arbeiteten.

Mandø

Sandig und unfruchtbar ist das von einem Deich eingefasste Eiland 10 km vor der dänischen Küste im Wattenmeer. Nur 70 Menschen leben hier, doch das 8 km^2 große Mandø ist von Zehntausenden Vögeln bewohnt, Austernfischer, Seeschwalben, Strandläufer und unzählige mehr, ein Paradies für **Vogelbeobachter**. Will man mit dem eigenen Auto anreisen, muss man den Tidenplan kennen, denn die Anfahrt führt bei Ebbe über den täglich von der Flut überspülten Schotterdamm *Låningsvejen*. Man kann die Strecke auch in 35 Min. in einem der traktorgezogenen *Mandøbusse* (Tel. 75 44 51 07, Mai–Sept.) zurücklegen, die vom Parkplatz bei Vester Vedsted südwestlich von Ribe aufbrechen; die Abfahrtszeiten richten sich nach dem Wetter und der Tidengeschwindigkeit.

i Praktische Hinweise

Information

Ribe Turistbureau, Torvet 3, Tel. 75 42 15 00, Fax 75 42 40 78, www.visitribe.com

Hotels

TOP TIPP ****Dagmar**, Torvet 1, Ribe, Tel. 75 42 00 33, Fax 75 42 36 52, www.hoteldagmar.dk. Das älteste Hotel Dänemarks wurde in einem Gebäude von 1581 eingerichtet und nach der noch immer beliebten Königin Dagmar benannt. Das historische Ambiente ergänzt die exquisite Küche des Hotelrestaurants.

Den Gamle Arrest, Torvet 11, Ribe, Tel. 75 42 37 00, www.dengamlearrest.dk. Ehem. Stadtgefängnis, doch die ›schwedischen Gardinen‹ wurden längst durch gediegene dänische Gastfreundschaft ersetzt.

Restaurants

Backhaus, Grydergade 12, Ribe, Tel. 75 42 11 01. Traditionslokal mit einheimischen Gerichten und großen Portionen. Die ›Dänische Platte‹ ist ein Gedicht.

Sælhunden, Skibbroen 13, Ribe, Tel. 75 42 09 46. Solide dänische Kochkunst in historischem Gemäuer am Hafen.

Lockere Atmosphäre beim Familienpicknick am Strand von Mandø

Den beeindruckenden Anblick eines Drachenbootes voll Wikingerkrieger hielt im 8. Jh. ein gotländischer Künstler in diesem Kalksteinrelief fest

Seefahrer, Händler und Eroberer

In Skandinavien hießen sie **Wikinger**, im Osten Europas kannte man sie als **Rus** oder **Waräger**, auch Nordmänner oder **Normannen** nannte man die Bewohner Nordeuropas im 7.–11. Jh.

Vor mehr als 1200 Jahren machten die tüchtigen Seefahrer in der ganzen damals bekannten Welt von sich reden, als Entdecker und Händler, aber auch Eroberer und Plünderer, mit ihren seetauglichen offenen Schiffen mit dem charakteristischen **Drachenkopf** am Bug und dem stromlinienförmigen Rumpf. Wikinger entdeckten und kolonisierten im 7. Jh. Island, ließen sich um das Jahr 1000 im Süden von Grönland nieder und setzten sogar auf das amerikanische Festland über, wo Archäologen 1961 auf der heute kanadischen Insel Neufundland Spuren von Wikingersiedlungen ausgruben. Nordmänner suchten die westeuropäischen **Küsten** und **Flussmündungen** heim, plünderten Hamburg, Paris, Lissabon, Sevilla und Pisa, drangen bis nach Sizilien und ins östliche Mittelmeer vor. Sie fuhren auf den russischen Flüssen, gelangten nach Byzanz, zum Kaspischen Meer und tauchten sogar in Bagdad auf. Bekannt wurden auch die später sog. **Normannen**, die ab Ende des 8. Jh. an englischen Küsten Siedlungen und Klöster überfielen. In Irland dagegen richteten sie eine Handelsstation ein und gründeten 839 Dublin. Um das Jahr 1013 herrschte der dänische König Sven Gabelbart über große Teile der britischen Inseln.

Doch die meisten Bewohner Dänemarks und anderer Länder Skandinaviens lebten friedlich als **Bauern**, tauschten Waren in Handelsplätzen wie Haithabu bei Schleswig, Århus oder Ribe. Überreste befestigter **Ringburgen** bei Trelleborg auf Seeland [Nr. 6] oder in Fyrkat bei Hobro [s. S. 110] zeigen Wikinger nicht als Angreifer sondern als Verteidiger ihrer eigenen Siedlungen. **Grabfunde** und **Runensteine** wie in Ladby bei Nyborg [s. S. 72], Aalborg [Nr. 39] oder Jelling [Nr. 29] geben Auskunft über Lebensweise und Kultur der Nordleute. Sie entwickelten eine eigenständige Kunst mit charakteristischen, stilisierten Tier- und Pflanzenornamenten, die in ihrem religiösen Weltbild wurzelte. Odin, Freya, Thor und die anderen Götter der nordischen **Mythologie** wurden erst um die erste Jahrtausendwende langsam von der zentraleuropäischen christlichen Religion ersetzt. Parallel dazu ging die Wikingerzeit im Laufe des 11. Jh. langsam zu Ende und mit vollendeter **Christianisierung** war auch der Norden Teil Europas geworden.

In Esbjerg kann man wahre Prachtstücke nordischer Backsteinarchitektur entdecken, zum Beispiel das Ende des 19. Jh. entstandene Postgebäude am Marktplatz

33 Esbjerg

Moderne Hafenstadt und hellsandige Traumstrände in ihrer Nähe.

Der Hafen ist Dreh- und Angelpunkt von Esbjerg (85 000 Einw.). Von hier läuft Dänemarks größte **Fischereiflotte** auf Fangfahrt aus, an den Kais legen die internationalen Fähren nach Harwich und Newcastle ab, nebenan lagern Erdöl und Erdgas aus den Vorkommen unter der Nordsee in riesigen Stahltanks. Dabei wurde die Stadt erst 1858 gegründet, nachdem Dänemark im 1. Deutsch-Dänischen Krieg Husum an Preußen verlor und einen neuen **Gewerbehafen** an der Nordsee benötigte.

Von dem 1897 nördlich nahe des Hafens als Wasserturm im Mittelalter-Look erbauten, 36 m hohen **Esbjerg Vandtårn** (Havnegade 22, Juni–Mitte Sept. tgl. 10–16, sonst Sa/So 10–16 Uhr) hat man den besten Überblick über die moderne Stadt. Daneben gelang den Architekten Jan Utzon und seinem Vater Jørn mit dem kubischen, 1997 vollendeten **Musikhuset Esbjerg** ein modernes Konzert- und Ausstellungsgebäude, in welches auch das **Esbjerg Kunstmuseum** (Havnegade 20, tgl. 10–16 Uhr) mit seiner Sammlung dänischer Kunst ab 1920 harmonisch integriert wurde. Etwas weiter stadteinwärts widmet sich das **Esbjerg Museum** (Torvegade 45, Juni–Aug. tgl. 10–16, sonst Di–So 10–16 Uhr, www.esbjergmuseum.dk) der Stadtgeschichte und beeindruckt mit seiner *Bernsteinsammlung*.

Mennesket ved havet, ›Menschen begegnen dem Meer‹, nennt sich das Ensemble von vier je 9 m großen, massigen Sitzstatuen aus weißem Beton des zeitgenössischen Künstlers Svend Wiig Hansen (1922–1997), die im Norden Esbjergs am Strand von Sædding über die See blicken.

Fanø

Die kilometerlangen **Sandstrände** locken wohl die meisten Besucher, mit der Fähre von Esbjerg auf die vorgelagerte Badeinsel Fanø überzusetzen. Im Fährhafen *Nordby* wird in der **Fanø Skibsfarts- og Dragtsamling** (Hovedgarden 28, Nordby, Mai–Aug. tgl. 11–16, Okt./Nov./Febr./April Mo–Sa 11–13 Uhr, www.fanoskibs-dragt.dk) die große Geschichte des Atlantikfischfangs im 19. Jh. lebendig und berichtet auch vom Leben der auf der Insel zurückgelassenen Fischersfrauen.

Praktische Hinweise

Information

Esbjerg Turistbureau, Skolegade 33, Tel. 75 12 55 99, Fax 76 13 61 09, www.visitesbjerg.dk. – **Fanø Turistbureau**, Færgevej 1, Nordby, Tel. 75 16 26 00, Fax 75 16 29 03, www.fanoturist.dk

Flugzeug

Esbjerg Lufthavn, 6 km östlich von Esbjerg, Tel. 76 12 14 00. Hier starten Flüge nach London und Aberdeen in Großbritannien sowie in das norwegische Stavanger.

Fähren

Scandinavian Seaways/DFDS, Englandkajen, Esbjerg, Tel. 79 17 79 17. Verbindet Esbjerg mit Harwich in Großbritannien.

Fanø-overfarten/Scandlines, Dokvej 5, Esbjerg, Tel. 33 15 15 15. Setzt in 10 Min. von Esbjerg zur Badeinsel Fanø über.

Sport

Fanø Cycler, Fanø, Nordby, Hovegaden 96. Fahrradverleih für Inseltouren.

Mut zum Stilmix bewiesen die Erbauer des Aussichtsturmes Esbjerg Vandtårn

Wie erstarrt sitzen die die vier schneeweißen Monumentalfiguren des Denkmals ›Menschen begegnen dem Meer‹ am Strand von Esbjerg und blicken über die Nordsee

Nachtleben

Nanas Stue, Sønderland 1, Sønderho, Tel. 75 16 40 25. Restaurant und Café, in dem regelmäßig Musikveranstaltungen stattfinden.

Camping

Feldberg Strandcamping, Rindby, Fanø, Tel. 75 16 24 90, Fax 75 16 33 33, www.feldbergcamping.dk. Von Hecken gegliedertes Wiesengelände am breiten Sandstrand.

Hvidbjerg Strandcamping, Hvidbjerg Strandvej 27, Blåvand, Tel. 75 27 90 40, Fax 75 27 80 28, www.hvidbjerg.dk. Hervorragend ausgestatteter Strandplatz nördlich von Esbjerg – allerdings in der Nähe eines Truppenübungsplatzes der dänischen Armee.

Hotel

*****Sønderho Kro**, Kropladsen 11, Sønderho, Fanø, Tel. 75 16 40 09, Fax 75 16 43 85, www.sonderhokro.dk. Das reetgedeckte und von Efeu umrankte Hotel duckt sich dekorativ hinter die Dünen. Die Hotelküche ist köstlich.

Restaurant

Pakhuset, Dokvej 3, Esbjerg, Tel. 75 12 74 55. Gepflegte skandinavische Küche mit Bildergalerie in ehem. Fischauktionshalle beim Hafen. (So/Mo geschl.).

34 Ringkøbing Fjord

Paradies für Strandliebhaber und Surfer.

Wie ein Binnensee wirkt der ovale Ringkøbing Fjord, zur Nordsee hin abgeschirmt durch den mehr als 60 km langen, doch maximal 2 km breiten Dünengürtel von **Holmsland Klit**. Im nördlichen Drittel stellt der *Hvide Sande Kanal* die Verbindung zur offenen See her. In dem Dorf **Hvide Sande** präsentiert das auch als *Fiskeriets Hus* bekannte **Vestkyst Akvarium** (Nørregade 2 B, tgl. 10–16 Uhr) die Meeresbewohner der Nordsee wie des Ringkøbing Fjord und informiert über den harten Arbeitsalltag der hiesigen Fischer. Ansonsten säumen Hunderte von **Ferienhäusern** und mehr als ein Dutzend **Campingplätze** den sandigen Küstenstreifen, der sich von Søndervig im Norden über den Nehrungsbereich hinaus weitere 60 km bis Blåvand im Süden erstreckt.

Der relativ flache Ringkøbing Fjord hat wegen seiner konstanten Winde bei **Windsurfern** einen guten Ruf. Vor allem im Frühjahr und Herbst, wenn der Wind am stärksten bläst, werden hier regelmäßig Wettbewerbe in dieser Sportart ausgetragen. Gleichzeitig ist das ruhige Wasser des Fjords ein ideales Experimentierfeld auch für Anfänger in der Kunst,

Der feste Sand von Vejers Strand bei Esbjerg erlaubt die Anfahrt mit dem Auto

Vor dem grönländischen Hafen Uumannaq sind Eisberge ein alltäglicher Anblick

Färöer und Grönland – dänische Außenposten im Atlantik

Kaum zu glauben – Dänemark ist mit deutlich mehr als 2 Mio. km^2 Fläche nach Russland der zweitgrößte Staat Europas. Doch nur, wenn man die **Färöer Inseln** und **Grönland** zur Landfläche dazurechnet, offiziell ›Gebiete mit innerer Autonomie im Staatsverband der dänischen Krone‹. Das heißt, die früheren Kolonien können nun nach Verfassungsänderungen und Staatsverträgen mit Kopenhagen viele ihrer Angelegenheiten selbst regeln, während Justiz sowie Außen-, Verteidigungs- und Währungspolitik nach wie vor in Kopenhagen bestimmt werden. Beide Territorien gehören im Gegensatz zu Dänemark vor allem wegen nachhaltiger Differenzen um Fischereirechte im Nordatlantik nicht der EU an.

Von den 55 000 Einwohnern **Grönlands** sind etwa 90% **Inuit**. Die grönländische Hauptstadt Nuuk im Südosten, Kangerlussuaq am Søndre Strømfjord und alle anderen Küstenorte sind allein mit Flugzeugen oder im Sommer per Schiff erreichbar. Ein Straßennetz existiert nicht auf der überwiegend von bis zu 3000 m dicken Gletschern bedeckten Insel. Die Begegnung mit dem jahrtausendealten Eis im Landesinneren, an den Gletscherzungen oder zwischen den vor der Küste treibenden Eisbergen gehört neben der Mitternachtssonne im Sommer zu den überwältigenden Reiseeindrücken auf der Rieseninsel im hohen Norden.

Knapp 48 000 **Färinger**, davon ein Drittel in der Hauptstadt Thórshavn, leben auf den 18 regnerischen, oft sturmumtosten **Färöer Inseln**, den ›Schafinseln‹ im Dreieck zwischen Island, Norwegen und Schottland. Die ersten Menschen auf den Inseln waren wohl irische Mönche. Seit ihrer Besiedlung noch vor der ersten Jahrtausendwende unterstand die knapp 1400 km^2 große Inselgruppe immer fremder Herrschaft, zunächst von Norwegen, dann von Dänemark.

Bäume und Sträucher wachsen nur vereinzelt auf den bizarren Basalt- und Tuffsteinformationen der Färöer Inseln, dafür nisten etwa 200 Vogelarten in den steilen Felsen. Ein wenig Schafzucht und vor allem der Fischfang sorgen für den Lebensunterhalt, dazu kommen für die Inselbewohner Unterstützungszahlungen aus Kopenhagen. Von Offshore-Probebohrungen erhofft man sich Ölfunde und einen wirtschaftlichen Aufschwung. Nur wenige Touristen suchen die Eilande im Jahr auf. Sie finden Einsamkeit, Ruhe, Wind und Wetter. Der Mensch hat hier kaum Spuren hinterlassen. *Informationen:*

Greenland Tourism, Strandgade 91, 1010 København, Tel. 32 83 38 80, Fax 32 83 38 89, www.greenland-guide.gl. – **Færøernes Turistråd**, undir Bryggjubakka, Postmoga 118, Tórshavn, Tel. 002 98-35 58 00, Fax 002 98-35 58 01, www.visit-faroeislands.com

Flach wie das Meer ist bei Hvide Sande am Ringkøbing Fjord auch das Land

auf dem wackeligen Brett das Gleichgewicht zu behalten.

Das Hafenstädtchen **Ringkøbing** am Nordende des Fjords war die frühere Hauptstadt der Westjüten. Heute bildet sie mit ihren reizenden kleinen Fachwerk- und Backsteinhäuschen aus dem 17.–19. Jh. ein beliebtes Ausflugsziel für Sommergäste und Badetouristen. Auf einer Halbinsel am entgegengesetzten Ende des Fjords zeigt ein Wegweiser zur **Skov- og Naturstyrelsen Tipperne** (April–Aug. So 8–10, Sept.–März So 10–12 Uhr, Tel. 75 28 80 48). Entlang eines 2 km langen Pfads und von einem Beobachtungsturm blickt man über ausgedehnte Schilf- und Feuchtgebiete, in denen im Herbst gerne Zugvögel rasten.

Es ist noch kein Meister vom Himmel gefallen – am Anfang aber schon oft vom kippeligen Surfbrett

i Praktische Hinweise

Information

Ringkøbing Turistbureau, Lodbergsvej 73–77, Tel. 70 22 70 01, www.visitvest.dk. – **Holmsland Klit Turistforening**, Nørregade 2 B, Hvide Sande, Tel. 97 31 18 66

Sport

Ringkøbing Cykelcenter, Søndervigvej 7, Ringkøbing, Tel. 97 32 44 77. Das Sportfachgeschäft vermietet Fahrräder für Groß und Klein.

Westwind Nord, Hvide Sande (am Fjordufer), Tel. 97 31 25 99. Verleih von Windsurfbrettern und einschlägige Kurse.

Camping

Nordsø Camping, Tingodden 3, Årgab, Hvide Sande, Tel. 96 59 17 22, Fax 96 59 17 17, www.nordsoe-camping.dk. Hervorragende Anlage zwischen Dünen und Nordsee, mit Swimmingpool und Kinderspielplatz.

Hotels

***__Fjordgården__**, Vesterkær 28, Ringkøbing, Tel. 97 32 14 00, Fax 97 32 47 60, www.hotelfjordgaarden.dk. Komfortable, geschmackvoll eingerichtete Zimmer gleich nördlich des Ortes.

Danhostel Ringkøbing, Numitvej 5, Hvide Sande, Tel. 97 31 21 05, Fax 97 31 21 96, www.rofi.dk. Mehrbettzimmer für Jugendliche sowie Familienzimmer nicht weit vom Strand.

Restaurants

Helten, im Hotel Fjordgården (s. o.), serviert Menüs mit ausgezeichnet dazu passenden Weinen.

Sandgården, Badevej 12, Søndervig, Tel. 97 33 83 99. Köstliche Fischgerichte, mit Fantasie zubereitet.

35 Silkeborg

Malerisches Seenhochland um den Himmelbjerg.

Silkeborg (50 000 Einw.), die erst Mitte des 19. Jh. gegründete Industriestadt, liegt dekorativ am *Langsøj*, einem der zahlreichen kleinen Gewässer der **dänischen Seenplatte** in der Mitte Jütlands. Vor allem holz- und papierverarbeitende Gewerbe siedelten sich wegen der reichen Rohstoffvorräte in den umliegenden Wäldern und der günstigen Wasserkraft gern hier an.

Frühzeitliche Besiedlung belegen die Exponate im **Silkeborg Museum** (Hoovedgardsvej 7, Mai–Mitte Okt. tgl. 10–17, sonst Sa/So 12–16 Uhr, www.silkeborgmuseum.dk) östlich vom Torvet. Das spektakulärste Ausstellungsobjekt ist der 2200 Jahre alte sog. *Tollund-Mann*, der 1950 in einem nahen Moor gefunden wurde. Eine Lederschlinge um seinen Hals begründet die Vermutung, dass er ebenso wie das 1938 gefundene, ebenfalls ausgestellte *Elling-Mädchen* in der Eisenzeit den Göttern geopfert worden war.

Geheimnisvolle Moorleiche: Warum lächelt der Tollund-Mann noch im Tode?

Das **Silkeborg Kunstmuseum** (Gudenåvej 9, April–Okt. Di–Sa 10–17, sonst Di–

Ein dichtes Netz von Seen, Flussläufen und Kanälen macht die dänische Seenplatte bei Silkeborg zu einem Paradies für Kanuten und Freizeitpaddler

Fr 12–16, Sa/So 10–16 Uhr) beschäftigt sich mehr mit der Moderne. Ein Schwerpunkt der sehenswerten Sammlung liegt auf den dänischen Vertretern der Künstlergruppe COBRA (**CO**penhagen, **BR**üssel, **A**msterdam) um den in Struer südlich des Limfjords geborenen Maler Asger Jorn (1914–1973). Neben einigen seiner Meisterstücke sind auch Werke der abstrakt-spontanen Kunst des 20. Jh. von Künstlerkollegen wie Erik Nyholm, Egil Jacobsen oder anderen zu sehen. Etwas Besonderes ist auch das **Aqua Ferskvands Akvarium og Museum** (Vejsøvej 55, Juli–Aug. tgl. 10–18, sonst Mo–Fr 10–16, Sa/So 10–17 Uhr, www.ferskvandscentret.dk), ein verglaster Rundbau südlich vom Langsøj-See. Es ermöglicht seinen Besuchern, von Panzerglas geschützt, einen faszinierenden Spaziergang unter Wasser durch die Süßwasseraquarien. Dabei sieht man Fischotter, Haubentaucher, Enten, Fische und Lurche, die hier unter der Natur nachgestellten Bedingungen leben.

Anmutig bietet sich die Landschaft zwischen Silkeborg und Skanderborg dem Jütland-Reisenden dar: Wälder und Hügel, einige Felder und kleine Seen, durch die *Gudenå* miteinander verbunden, den längsten Fluss Dänemarks, der dem *Randers Fjord* entgegenströmt. Die **Hjejlen** (Tel. 86 82 07 66) schippert zwischen Juni und August zwei Mal täglich vom Hafen in Silkeborg die Gudenå bis zum Anleger Himmelbjerg und zurück. Der historische *Ausflugsdampfer* mit königlichem Wappen, geputzten Messingbeschlägen und roten Teppichen ist ein wahrhaft feudaler Anblick.

Der 147 m hohe Gipfel des **Himmelbjerg** wird noch von einem 25 m hohen **Aussichtsturm** (Mai/Juni tgl. 10–17, Juli tgl. 10–21, Aug.–Mitte Sept. tgl. 10–18, Mitte Sept.–Okt. Sa/So 10–17 Uhr) überragt. Der Aufstieg wird von einem weiten Panoramablick über die bewaldete Seenplatte belohnt. Der wuchtige Turm wurde 1874–75 zum Gedenken an die Verfassung von 1849 errichtet, die den Untertanen erstmals bürgerliche Freiheiten gewährte.

i Praktische Hinweise

Information

Silkeborg Turistbureau, Aahavevej 2A, Tel. 86 82 19 11, Fax 86 81 09 83, www.silkeborg.com

Sport

Silkeborg Kanocenter, Åhave Allé 7, Silkeborg, Tel. 86 80 30 03, www.silkeborgkanocenter.dk. Verleih von Kanus für Touren auf der Gudenå.

Schaufuss Cykler, Nørreskov Bakke 93 A, Tel. 86 81 39 38, www.schaufuss-cykler.dk. Vermietet und verkauft Fahrräder.

Hotels

******Dania**, Torvet 5, Silkeborg, Tel. 86 82 01 11, Fax 86 80 20 04, www.hoteldania.dk. Moderner Komfort in restaurierter Herberge von 1846.

Schau mir in die Augen, Kleines: Fisch und Mensch stehen sich im Aqua Ferskvands Akvarium og Museum neugierig gegenüber

Aussichtsreicher Himmelbjerg: ringsum Wälder und Seen soweit man schauen kann

Himmelbjerget, Ny Himmelbjerget Vej 20, Ry, Tel. 86 89 80 45, Fax 86 89 87 93, www.hotel-himmelbjerget.dk. Das höchstgelegene Hotel Dänemarks bietet den Charme der 1920er-Jahre. Das Restaurant im Haus serviert traditionelle dänische Küche.

Restaurants

Brygger Bauers Grotter, Skt. Mathiasgade 61, Viborg, Tel. 86 61 44 88. Uriges Kellerrestaurant in ehem. Braustuben.

Karoline Amalie, Uglesøvej 1, Silkeborg, Tel. 86 83 74 92, www.karolineamalie.dk. Restaurant mit schönem Garten. Besonders zu empfehlen sind die hervorragenden Fischgerichte (So–Di sowie in den dänischen Schulferien geschl.).

Kongensbro Kro, Gamle Kongevej 70, Ans (nördlich von Silkeborg), Tel. 86 87 01 77, Fax 86 87 92 17. Ur-dänischer Gasthof von 1663 mit legendären *frikadeller* und köstlichen Forellen. Einige Gästezimmer.

36 Århus

Plan Seite 104

Lebenslustige Universitäts- und Handelsstadt mit langer Geschichte.

Die mit über 264 000 Einwohnern zweitgrößte Stadt Dänemarks, kulturelles Zentrum und **Universitätsstadt** mit einem schön angelegten **Hafen**, ist die Kapitale Jütlands und des dänischen Westens überhaupt. Die Wirtschaftkraft der Metropole basiert auf Unternehmen der Nachrichtentechnik und Elektronikbranche, auf Maschinenbau und Verarbeitung landwirtschaftlicher Produkte, auf Möbelproduktion und Designbüros.

Aus einer **Wikingersiedlung** an der Mündung des Flüsschens Å ins südliche Kattegat wuchs im 9. Jh. schnell ein Städtchen heran, das schon 928 zum Bischofssitz ernannt wurde. Im Mittelalter wurde die Bevölkerung der Stadt von der Beulenpest heimgesucht und hatte unter dem Dreißigjährigen Krieg zwischen katholischer Liga und protestantischer Union stark zu leiden. Erst die Industrialisierung Mitte des 19. Jh. und der damit einher gehende Bau der Eisenbahn gaben neue Impulse.

Im Zentrum der Innenstadt, nahe den Hafenkais erhebt sich die dem hl. Clemens geweihte Kathedrale der **Århus Domkirke** 1 (Bispetorvet, Mai–Sept. Mo–Sa 9.30–16, sonst Mo–Sa 10–15 Uhr, Sa/So 11–15 Uhr). Der rote Backsteinbau wurde um 1200 als romanische Basilika begonnen, doch nach 1400 im gotischen Stil umgebaut. Er wird an Ausmaßen in Dänemark von keinem anderen übertroffen: Der Kirchturm ist 93 m hoch, das Kirchenschiff ebenso lang. Im Kircheninneren verdienen die geschnitzte *Renaissance-Kanzel* aus dem 16. Jh. und ein figurenreiches *Triptychon* des Lübecker Schnitzers Bernt Notke aus dem 15. Jh. besondere Beachtung.

Im ehem. Rathausgebäude von 1857 gegenüber dem Dom zeigt das **Kvindemuseet** 2 (Domkirkeplads 5, Juni–Mitte

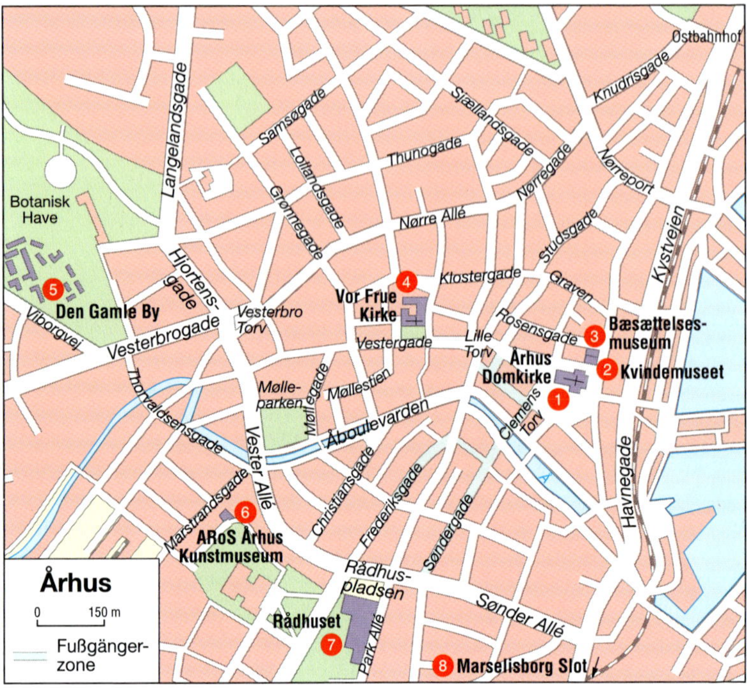

Sept. tgl. 10–17, sonst Di–So 10–16 Uhr) Exponate zu Geschichte, Kultur und Alltag dänischer Frauen und dokumentiert verschiedene Biografien. Ein Nebeneingang führt ins **Bæsættelsesmuseum** 3 (Mathilde Fibigers Have 2, Juni–Aug. Di, Do, Sa, So 11–16, sonst Sa/So 11–16 Uhr) im gleichen Gebäude, das über die Zeit der Besatzung durch deutsche Truppen zwischen 1940 und 1945 und über den dänischen Widerstand informiert.

Nordwestlich des Doms wurde im 13.–15. Jh. die **Vor Frue Kirke** 4 (Frue Kirkeplads, Sept.–April Mo–Fr 10–14, Sa 10–12, Mai–Aug. Mo–Fr 10–16, Sa 10–12 Uhr) auf den Grundmauern einer Vorläuferkirche von 1060 erbaut, zunächst als Kirche eines heute nicht mehr existierenden Dominikanerklosters. Mauerreste der Ursprungskirche sind in der *Krypta* unter der Kanzel restauriert. Die größte Sehenswürdigkeit im Inneren der gotisch umgestalteten Liebfrauenkirche ist ein *Altaraufsatz* von 1520 mit einer Vielzahl geschnitzter Figuren aus der Werkstatt des Lübecker Schnitzers Claus Berg. Erst 1956 wurde bei Restaurierungsarbeiten unter dem Langhaus die dreischiffige Krypta einer Vorgängerkirche freigelegt, die nun zugänglich ist.

Einige Straßenzüge westlich breitet sich der Botanische Garten, *Botanisk Have*, aus. In seinem südlichen Teil liegt die bekannteste Attraktion von Århus, TOP TIPP **Den Gamle By** 5 (Viborgvej 2, www.dengamleby.dk, Juli/Aug. tgl. 9–18, April–Juni und Sept.–Nov. tgl. 10–17, Dez. tgl. 10–19, Febr./März tgl. 10–16 Uhr). Mehr als 75 restaurierte historische Gebäude aus allen Teilen Jütlands erwecken tatsächlich den Eindruck einer ›Alten Stadt‹ aus dem 16.–19. Jh. Man kann auf kopfsteingepflasterten Gassen zwischen Fachwerkhäusern herumschlendern, in denen Postamt, Bäckerei oder eine traditionelle Buchbinderei untergebracht sind. Der Weg führt auch am Haus eines reichen Kaufmanns oder an der Werkstatt eines Hutmachers vorbei.

Der kubistische Museumsbau des **ARoS Århus Kunstmuseum** 6 (Aros Allé 2, Di–So 10–17, Do bis 22 Uhr, www.aros.dk) der Architekten Schmidt, Hammer & Lassen aus dem Jahr 2004 ist mit seinem an das New Yorker Guggenheim Museum erinnernden Spiralaufgang selbst eine Attraktion. Die Sammlung gibt einen guten Überblick über die moderne dänische Malerei.

Ebenfalls südlich der Å wurde 1941, zum Jubiläum der 1000-jährigen Stadtgründung, das neue **Rådhuset** 7 (Rådhuspladsen, Mo–Fr 9–16 Uhr, Juli–Sept. ca. 2-std. Turmbesteigungen tgl. 12 und 14 Uhr) nach Plänen der Architekten Arne Jacobsen und Erik Møller fertig gestellt. Der mit norwegischen Marmorplatten verkleidete Bau war lange Zeit umstritten. Heute gilt er als Markstein der funktionalen dänischen Moderne. Durch außen liegende vertikale Steinstreben wirkt der 60 m hohe *Rathausturm* sehr markant. Von seiner umlaufenden Aussichtsgalerie genießt man einen herrlichen Blick über Stadt und Umland bis hinaus aufs Meer.

Das weiße Palais von **Marselisborg Slot** 8, 2 km südlich der Stadt, dient dem dänischen Königshaus seit fast 100 Jahren als Sommerresidenz. Das Innere des 1899–1902 erbauten Zweiflügelbaus kann nicht besichtigt werden, doch sind die *Gärten* in den Monaten, in denen das Anwesen nicht bewohnt ist, der Öffentlichkeit zugänglich. Ist die Königin anwesend, bietet der zeremonielle *Wachwechsel* um Punkt 12 Uhr mittags vor dem Schloss einen prächtigen Anblick.

Praktische Hinweise

Information

Århus Turistbureau, Park Allé, Tel. 89 40 67 00, Fax 86 12 95 90, www.visitaarhus.com. Besucher können hier den **Århus Pass** erwerben, der zwei Tage freie Benutzung aller öffentlichen Verkehrsmittel ermöglicht sowie Eintritt bei diversen Attraktionen.

In den Sommermonaten können 250 City-Bikes kostenlos genutzt werden.

Flughafen

Århus Lufthavn, Stabrandvej 24, Kolind (knapp 40 km nordöstlich von Århus), Tel. 87 75 70 00. Flüge nach Kopenhagen, London, Stockholm und Oslo.

Fähren

Mols Linien, Pier 1, Århus, Tel. 70 10 14 18, Fax 89 52 52 92, www.mols-linien.dk. Verbindungen nach Kalundborg sowie nach Sjællands Odde, dem Fährhafen an der Nordwestspitze von Seeland.

Samsø Linien, Hov, Tel. 87 92 17 66, Fax 87 92 17 10, www.samsoelinien.dk. Århus–Samsø

Einkaufen

Galleri Bo Bendixen, Store Torv 14, Århus. Drucke und andere Produkte des dänischen Grafikkünstlers.

Am Dorfbach im Freilichtmuseum Den Gamle By sind spielende Kinder in ihrem Element

Hotels

****Helnan Marselis, Strandvejen 25, Århus, Tel. 86 14 44 11, Fax 86 14 44 20, www.marselis.dk. Architektur und Design sind skandinavisch klar. Das Haus liegt im Süden von Århus direkt an der Küste, die Zimmer verfügen über Meerblick.

****Hotel Ritz, Banegårdspladsen 12, Tel. 86 13 44 44, Fax 86 13 45 87, www.hotelritz.dk. Stilvolles Businesshotel im Zentrum mit exzellentem Restaurant René.

Restaurant

Prins Ferdinand, Viborgvej 2, Århus, Tel. 86 12 52 05. Kreative jütländische Küche mit mediterranen und asiatischen Nuancen in der Museumsstadt Den Gamble By (So/Mo geschl.).

37 Djursland

Idyllischer, meerumspülter ›Apfelgarten‹.

Die Nase Dänemarks nennt man die in die Ostsee vorspringende **Halbinsel** Djursland. Herrschaftliche Landsitze verteilen sich im hügeligen Land, in dem sich Obstplantagen mit Feldern und Wäldern abwechseln.

TOP TIPP Ganz im Süden liegt **Ebeltoft** mit seinen schmalen, kopfsteingepflasterten Straßen und den bunt gestrichenen Fachwerkhäuschen. Der Ortsname bedeutet übersetzt ›Apfelgarten‹, was das idyllische gartenähnliche Umland der malerischen Kleinstadt treffend beschreibt. Typisch für die hübsche Innenstadt aus dem 17. und 18. Jh. ist das alte Rathaus, **Det gamle Rådhus** (Juulsbakke 1, Mitte Juni–Aug. tgl. 10–17, sonst Di–So 11–15 Uhr), von 1789 im Stadtzentrum. Das geduckte Fachwerkhäuschen mit dem achteckigen Glocken tragenden Dachreiter ist längst zum stadthistorischen *Ebeltoft Museum* umgestaltet. Hier ist auch der Ausgangspunkt der Nachtwächter, die während der Sommermonate abends ab 20 Uhr ihre Runden drehen. Nahe dem Hafen zeigt das **Glasmuseum** (Strandvejen 8, Juli/Aug. tgl. 10–19, April–Juni und Sept.–Okt. tgl. 10–17, Nov–März tgl. 10–16 Uhr, www.glasmuseet.dk) dekorative Glaskunst und funktionales Glasdesign aus Dänemark und von 600 Künstlern aus aller Welt.

Gegenüber liegt im Trockendock am Hafen der mit 42 Kanonen bestückte Dreimaster **Fregatten Jylland** (Strandvejen 4, tgl. 10–16 Uhr, im Sommer länger, www.fregatten-jylland.dk). Die 1860 noch aus Eichenholz erbaute Fregatte kämpfte zuletzt vor Helgoland gegen preußisch-österreichische Militärverbände und

Dänische Gemütlichkeit strahlen die geduckten Fachwerkhäuser von Ebeltoft aus

Auf der Robbenbank im Osten von Anholt genießt eine Mönchsrobbe ihr Sonnenbad

wurde 1887 aus dem aktiven Dienst genommen.

Wer schon immer erleben wollte, wie Sandtigerhaie gefüttert werden, sollte sich nach **Grenaa** zum **Kattegatcentret** (Færgevej 4, tgl. 10–16 Uhr, im Sommer tgl. 9.30–18 Uhr, www.kattegatcentret.dk) aufmachen. Im dortigen Acryltunnel ist man nur wenige Zentimeter von der umgebenden Unterwasserwelt getrennt. Zwar drücken sich die meisten Nasen an den Scheiben bei den tropischen Fischen platt, doch auch die Abteilung zu Flora und Fauna des Kattegat ist sehenswert. Außerdem informiert das Zentrum über die weltweite Gefahr der Meeresverschmutzung. Im Oceanarium darf man übrigens auch selbst tauchen.

TOP TIPP Anholt

Eine Fähre von Grenaa (Tel. 86 32 36 00, Fax 86 32 01 18) erreicht die knapp 22 km^2 große Flugsandinsel im Kattegat in knapp 3 Stunden. Anholt ist etwas für Naturliebhaber, die etwa beim Vogelschutzgebiet **Flakket** im Nordwesten und beim Beobachten der vorgelagerten **Robbenbank** im Osten auf ihre Kosten kommen.

Freizeitkapitäne schätzen die *Marina* der Insel, die 350 Liegeplätze bietet. Vor allem aber ist Anholt für seinen feinen **Sandstrand** bekannt, der den größten Teil der Insel umgibt und zu den besten Dänemarks gehört. Ihn wissen auch die rund 60 000 Gäste zu schätzen, die das gerade einmal 150 ständige Einwohner zählende Anholt jedes Jahr besuchen, viele zum wiederholten Mal.

i Praktische Hinweise

Information

Ebeltoft Turistbureau, Strandvejen 2, Ebeltoft, Tel. 86 34 14 00, Fax 86 34 05 28, www.visitdjursland.com. – **Grenaa Turistbureau**, Torvet 1, Grenaa, Tel. 87 58 12 00, Fax 87 58 12 12, grenaa@destinationdjursland.dk

Fähren

Anholt-Grenaa, Grenaa, Tel. 86 32 36 00, Fax 86 32 01 18. Die Fähre schafft die Strecke in weniger als 3 Stunden.

Mols Linien, Ebeltoft, Tel. 70 10 14 18, Fax 89 52 52 92, www.mols-linien.dk. Schnellfähren zwischen Ebeltoft und Sjællands Odde im Nordwesten der Insel Seeland.

Hotel

****Molskroen**, Hovedgaden 16, Femmøller Strand, Ebeltoft, Tel. 86 36 22 00, Fax 86 36 23 00, www.molskroen.dk. Geschmackvoll zu einem großzügigen Badehotel restaurierter Gasthof mit Zimmern und Apartments am Meer, exzellentes Restaurant.

Camping

Blushøj Camping, Elsegårdevej 53, Ebeltoft, Tel./Fax 86 34 12 38, www.blushojcamping.dk. Terrassenförmiger Platz in Naturgelände direkt an der Ostsee.

Restaurant

Mellem Jyder, Juulsbakke 3, Ebeltoft, Tel. 86 34 11 23. Dänische Küche in 400 Jahre altem Gebäude, mit Biergarten.

Nordjütland – Nordseestrand und Waldeinsamkeit

Von *Agger* bis an die Spitze Jütlands bei *Grenen* zieht sich entlang der Westküste ein fast 300 km ununterbrochener **Sandstrand** hin, gesäumt von Steilküste, Dünen, Heideflächen und Küstenwäldern. Ein wahres **Urlaubsparadies** für die Bewohner der zahlreichen Ferienhauskolonien und Campingplätze, vor allem, wenn die Sommersonne die Nordsee auf Badetemperaturen erwärmt. Doch auch Frühjahr und Herbst finden ihre Liebhaber, die einsamere Strände bevorzugen. Meeresarme und verzweigte Fjorde ziehen sich weit ins Hinterland. An ihnen findet man in Orten wie *Hobro* am Mariagerfjord Spuren von **Wikingersiedlungen**. Die reizvollen, hügeligen Waldlandschaften von **Himmerland** südlich von *Aalborg* oder die Region Vendsyssel westlich von *Frederikshavn* ziehen vor allem Fahrradurlauber und Wanderer an.

Zu den abwechslungsreichsten und markantesten Landschaften Nordjütlands gehört zweifellos der **Limfjord**. In vielfältigsten Verzweigungen zieht er sich auf mehr als 180 km Länge vom *Skagerrak* zum *Kattegat* quer durch das Land und macht den äußersten Norden Jütlands geradezu zu einer Insel. Denn seit 1825 ist er eigentlich kein Fjord mehr, sondern eine Wasserstraße, nachdem eine Sturmflut der Nordsee die vorher bestehende Landverbindung im Westen durchtrennte.

Bei **Skagen**, ganz im Norden von Jütland, ist zumindest die dänische Welt zu Ende. Der herbe Reiz der Heideflächen, Strände und riesigen Wanderdünen sowie der Zauber des sommerlichen Lichtes fasziniert immer mehr Urlauber. Sie folgen den Spuren der sog. *Skagenmaler*, die es bereits vor mehr als 100 Jahren in den friedlichen Fischerort zog.

38 Mariagerfjord

Beschauliche Städtchen, Rosenplantagen und ein ›amerikanischer‹ Nationalpark.

An seinen Ufern begleitet von dichten Wäldern, Wiesen und Obstplantagen, hat sich der schmale, tiefe **Meeresarm** von Osten her gut 30 km weit ins Landesinnere eingekerbt. An einer Furt, wo schon im Mittelalter eine Fähre den Fjord querte, liegt an seinem Südufer **Mariager**, eine beschauliche Kleinstadtidylle. Die schmalen Straßen sind noch mit Kopfstein gepflastert und vor den Fachwerkhäusern ranken Stockrosen, die ideale Kulisse für einen gemütlichen Bummel. Der Ort entwickelte sich um das bereits 1410 gegründete **Birgittinerkloster**, dessen einzig erhaltenen Gebäudeteil außer der Kirche heute das Amtsgericht nutzt. Stadtrechte erhielt Mariager 1592 mit damals nur 500 Einwohnern; heute sind es etwa 2500. Im Ortszentrum lohnt die weiß gestrichene gotische **Mariager Kirke** (Klostervej, Mo–Sa 8–15.30 Uhr) einen Besuch. Sie wurde im 15. Jh. als Teil des Klosters erbaut, und selbst nach drastischen Restaurierungen in den nachfolgenden Jahrhunderten bestimmen die steilen, nach oben strebenden Linien noch immer den kreuzför-

◁ **Oben:** *Raddampfer-Flair auf dem stimmungsvollen Mariagerfjord*
Mitte: *Fyrkat, einst trutzige Wikingerburg, heute friedliche Schafweide*
Unten: *Ausritt am Strand von Løkken*

migen Innenraum. Sehr schön sind auch die um 1500 entstandenen *Wandmalereien*, die den kreuztragenden Christus zeigen, sowie ein geschnitzter barocker *Altaraufsatz*, den Abendmahl und Kreuzigung Christi schmücken.

In **Danmarks Saltcenter** (Ende Juni–Anf. Aug. tgl. 10–18, Anf. Aug.–Juni Mo–Fr 10–16, Sa/So 10–17 Uhr, Tel. 98 54 18 16, www.saltcenter.com) am Fjordhafen erfährt man alles über die Salzherstellung vom Mittelalter bis in die Gegenwart. Zu dem Ausstellungszentrum gehört ein *Erlebnisbad*, in dessen salzhaltigen Fluten man wie im Toten Meer schwimmt.

Etwa 3 km südwestlich von *Hobro* am Ende des Mariagerfjords liegt die rekonstruierte Wikinger-Ringburg **Fyrkat** (Mai tgl. 10–16, Juni–Aug. 10–17, Sept. 10–15 Uhr, www.vikingecenterfyrkat.com). Die einst stark befestigte Anlage aus der Zeit um 980 ist nun wieder zu besichtigen: mit neu aufgeschüttetem, 4 m hohem Ringwall, einem 33 m langen Wikinger-Langhaus und Werkstätten wie Schmiede oder Schreinerei.

Rebild Bakker

Weite Teile der eiszeitlichen Hügel nördlich des Mariagerfjord bedeckt der *Rold Skov*, mit fast 100 km² Dänemarks größtes zusammenhängendes Waldgebiet. In seinem Norden findet sich die von Wanderwegen durchzogene Heide- und Mischwaldidylle des Rebild Bakker. Dänischstämmige USA-Auswanderer kauften Anfang des 20. Jh. das 200 ha große Gebiet und machten es ihrem Mutterland als **Nationalpark** zum Geschenk. Jeden **4. Juli** versammeln sich hier mehr als 10 000 Amerikaner und Dänen, um mit meist prominenten Gästen den Nationalfeiertag der USA zu begehen.

Das Land erfahren

Auf 3540 km Länge führt die **Margeritenroute** von Helsingør auf Seeland bis nach Søby auf Ærø kreuz und quer durch Dänemark. Ausgezeichnet mit braunen Schildern, auf denen eine weiß-gelbe Margerite prangt, bringt sie Auto- oder Radfahrer zu mehr als 1000 ausgeschilderten Sehenswürdigkeiten, Kirchen, Klöstern, Steinzeitgräbern, malerischen Dörfern, Naturreservaten oder modernen Freizeitcentern. Dabei nutzt die Streckenführung bevorzugt landschaftlich reizvolle, teilweise schmale Nebenstraßen. Ein Büchlein in deutscher Sprache über die **Panoramastrecken** ist beim Dänischen Fremdenverkehrsamt [s. S. 125] oder den größeren Touristenbüros für 50 DKK zu erwerben.

i Praktische Hinweise

Information

Mariager Turistbureau, Torvet 1 B, Tel. 98 54 13 77, Fax 98 54 16 14, www.visitmariager.dk

Schiff

Svanen. Der Schaufelraddampfer kreuzt Mitte Mai–Sept. auf dem Mariagerfjord. Tickets und Fahrplan beim Turistbureau.

Hotel

*****Postgården**, Torvet 6 A, Mariager, Tel. 98 54 10 12, Fax 98 54 24 64, www.hotelpostgaardenmariager.dk. Historisches Hotel von 1710, mit modernisierten Zimmern und einem renommierten Restaurant im Haus.

Restaurant

Rebild Hus, Skørping, Tel. 98 39 12 00. Kräftige, dänische Küche und Wildgerichte beim Eingang zum Rebild Bakker.

39 Aalborg

Hafen und Handelsstadt mit hochprozentiger Tradition.

In aller Welt ist Aalborg für den hier hergestellten *Aalborger Aquavit* bekannt. Doch die rege **Universitätsstadt** (155 000 Einw.) lebt nicht nur von der Schnapsproduktion, auch wenn in der zentralen **Jomfru Ane Gade** 1, dem hiesigen Vergnügungszentrum mit fast 30 Gaststätten und Diskotheken, Schnaps und Bier in Strömen fließen. Vielmehr prägen Containerhafen, Schiffbau und Holzverarbeitung den Charakter der **Wirtschaftsmetropole**, die vor knapp 1000 Jahren erstmals schriftlich erwähnt wurde. Seehandel und Heringsfang machten Aalborg im 17. und 18. Jh. reich, doch musste die Stadt mit Beginn der Industrialisierung im 19. Jh. ihre Vorreiterrolle im Norden Jütlands an Århus abtreten. Eine gewisse Rivalität herrscht bis heute.

Von der Spitze des 105 m hohen **Aalborgtårnet** 2 (Søndre Skovvej 30, April–Okt. tgl. 10–17, Juli–Mitte Aug. bis 19 Uhr), einem Aussichtsturm auf dem Hügel Skovbakken im Südwesten von Aalborg hat man einen fantastischen Ausblick über die Anlage des Ortes beiderseits des Limfjordes. Nordwestlich des Turmes prangt inmitten der 1992 eröffneten kleinen Parkanlage des Aalborg Skulpturenpark das moderne Gebäude des **Nordjyllands Kunstmuseum** 3 (Kong Christians Allé 50, Tel. 96 31 04 28, Di–So 10–17 Uhr, Febr.–April und Sept.–Nov. Di bis 21 Uhr, www.nordjyllandskunstmuseum.dk). Der lichtdurchflutete Museumsbau wurde schon 1972 nach Entwürfen der Finnen Alvar und Elissa Aalto sowie des Dänen Jean-Jacques Barnël fertig gestellt. Die Sammlung legt ihre Schwerpunkte auf abstrakte und experimentelle moderne Kunst, die dänisch-niederländisch-belgische Künstlergruppe CoBrA aus der Mitte des 20. Jh. [s. S. 102] z. B. ist mit Werken von Asger Jorn oder Arthur Köpke vertreten.

Aus der mittelalterlichen Altstadt am Südufer ragt die Barockspitze der im 15. Jh. gegründeten dreischiffigen **Budolphi Domkirke** 4 (Algade, Mo–Fr 9–14 Uhr) heraus, ein Wahrzeichen der Stadt. Die weiß gekalkte Backsteinkirche ist dem hl. Botholphus geweiht, Schutzpatron der Seeleute. Innen sind vor allem die *Fresken* im Kirchenfoyer bemerkenswert, die u. a. groteske Zentaurenfiguren zeigen, ein vergoldeter *Barockaltar* sowie

Spiegelbild der Wirklichkeit: In Aalborg begegnet man Kunst auf Schritt und Tritt

Im 17. Jh. ließ Bauherr Jens Bang den Rat von Aalborg auf seine Art wissen, dass er nichts von ihm hielt

eine Ende des 17. Jh. mit Anleihen an die Renaissance geschnitzte *Kanzel*.

Einige Schritte weiter nördlich liegt in der Fußgängerzone das architektonische Schmuckstück der Altstadt, das privat genutzte **Jens Bang's Stenhus** 5 (Østerågade 9). Der reiche Kaufmann Jens Bang hatte das viergeschossige Wohnhaus 1623 mit ausschwingenden Giebeln im holländischen Renaissancestil inmitten der Stadt erbauen lassen. Trotz seines Vermögens gehörte Bang jedoch nie dem Stadtrat an. Was er davon hielt, zeigt ein mondrundes, steinernes Gesicht an der Südseite seines Prachthauses, das zum gegenüber liegenden, vergleichsweise bescheidenen alten Rathaus, dem **Gamle Rådhus** 6, hin verschmitzt-hämisch die Zunge herausstreckt.

Nicht weit davon lädt das im 15. Jh. errichtete **Helligåndsklostret** 7 (C. W. Obels Plads, Führungen werden vom Tourist Bureau organisiert) mit seinem stimmungsvollen Innenhof zu einer Ruhepause ein. Bereits seit 1431 wird die Klosteranlage als städtisches *Pflege- und Altenheim* genutzt, ist somit die älteste soziale Institution des Landes. In den Sommermonaten kann man während einer Führung im einstigen Kapitelsaal gut erhaltene *Fresken* mit biblischen Geschichten aus dem frühen 16. Jh. bewundern.

Ausflug

Nur knapp 4 km nördlich von Aalborg dokumentiert das Gräberfeld von **Lindholm Høje** (Museum Vendilavej 11, Sommer tgl. 10–17, Winter Di 10–16, So 11–16 Uhr, Gräber immer zugänglich) mit rund 700 Begräbnisstätten aus der Wikingerzeit sowie ei-

Dienten die Steine von Lindholm Høje als Schiffe für die Ewigkeit auf wogendem Grasmeer?

Wenn im Frühsommer die Rapsfelder blühen, ist eine Fahrt durch Salling besonders schön

nem kleinen angegliederten Museum, dass die Fjordenge schon vor mehr als 1000 Jahren besiedelt war. Hier gibt es besonders viele ovale Steinsetzungen zu sehen, die als Schiffsrümpfe gedeutet werden.

i Praktische Hinweise

Information

Aalborg Tourist Bureau, Østerågade 8, Aalborg, Tel. 99 30 60 90, Fax 98 16 69 22, www.aalborg-tourist.dk

Flugzeug

Der internationale Flughafen von Aalborg (Tel. 98 17 11 44, www.aal.dk) befindet sich 6 km westlich der Stadt.

Hotels

****Helnan Phønix Hotel**, Vesterbro 77, Aalborg, Tel. 98 12 00 11, Fax 98 10 10 20, www.helnan-phonix-hotel.dk. Modernes First-Class Hotel in einem Gebäude aus dem 18. Jh.

****Scheelsminde**, Scheelsmindevej 35, Aalborg, Tel. 98 18 32 33, Fax 98 18 33 34, www.scheelsminde.dk. Hoteloase gleich südlich der Stadt, mit exzellentem Restaurant.

Aalborg Sømandshjem, Østerbro 27, Aalborg, Tel. 98 12 19 00, Fax 98 11 76 97, www.hotel-aalborg.com. Moderne, schlichte Herberge nahe dem Hafen.

Restaurants

Fyrtøjet, Jomfru Ane Gade 17, Aalborg, Tel. 98 13 73 77. Skandinavische Klassiker, gefüllte Scholle und Heringsplatte, im Sommer mit Tischen im Freien.

Mortens Kro, Mølleå 4–6, Aalborg, Tel. 98 12 48 60. Fantasievolle Spitzenküche mit regionalen Produkten.

40 Salling

Buchenwälder, Heideflächen und eine mittelalterliche Burg am Limfjord.

Mit dem Fahrrad ist die **Halbinsel** Salling im Süden des Limfjords am Besten zu erkunden: an Rapsfeldern vorbei, auf gespurten Wegen über die Heide und durch Buchenwälder, oft die Wasser des Limfjord im Blick. An dessen steiles Südufer schmiegen sich die Häuser von **Skive** (27 000 Einw.), das dank seines regen Hafens im Jahr 1326 zur Stadt erhoben wurde. Nahe der Kais verdient insbesondere die reiche Bernsteinsammlung im funktionellen einfachen Gebäude des **Skive Museum** (Havnevej 14, Tel. 97 52 69 33, Di–So 12–16 Uhr, www.skivekunstmuseum.dk) Beachtung.

In der lieblichen Heidelandschaft von **Hjerl Hede** südwestlich von Skive breitet sich auf einem weiträumigen Gelände am *Flyndersø* das Freilichtmuseum **Den**

Die Mauern der gut 500 Jahre alten Burg Spøttrup am Limfjord hielten so manchem Sturm der Zeit stand

gamle Landsby (Tel. 97 44 80 60, April–Okt. tgl. 10–17 Uhr) mit Bauernhöfen, Schmiede, Mühle und Dorfkrug aus. Im Juli führen mehrere Hundert Bewohner auf Zeit das Leben in einem mittelalterlichen dänischen Dorf so originalgetreu wie möglich vor. Dasselbe gilt für das nicht weit davon am **Vatsø** nachgestellte Steinzeitdorf.

Nordwestlich von Skive bewachte die im 15. Jh. am Westufer der Halbinsel Salling gegründete wuchtige Backsteinburg **Spøttrup** (Borgen, Spøttrup, www.spottrupborg.dk, April So/Di/Mi 11–17, Mai–Aug. tgl.10–18, Sept. bis 17, Okt. bis 16, Nov. Mi 11–15 Uhr) einst die ausgedehnten Ländereien des Viborger Bischofs. Die gut erhaltene, von einem Wall und zwei Wassergräben eingefasste vierflügelige Festung am Ufer des Limfjord ist eine der stimmungsvollsten Ritterburgen Dänemarks. Die gotischen Kellergewölbe und die sparsam möblierten Innenräume mit Rittersaal, Wohnräumen und Wehrgang können besichtigt werden.

i Praktische Hinweise

Information

Skive-Egnens Turistbureau, Østerbro 7, Skive, Tel. 97 52 32 66, www.visitskive.dk

Sport

Nautic Surf, Fjordvejen 3, Ejsingholm, Vinderup, Tel. 97 44 66 66. Verleih von Surfbrettern und entsprechendes Kursangebot. Gesurft wird vor allem an der Westküste von Salling.

Camping

Limfjords Camping & Vandland, Ålbæk Strandvej 5, Lihme bei Spøttrup, Tel. 97 56 02 50, Fax 97 56 06 54, www.limfjords.dk Ganzjährig geöffneter Platz mit Badelandschaft und Bungalows.

Hotels

***__Gammel Skivehus__, Sdr. Boulevard 1, Skive, Tel. 97 52 11 44, Fax 97 52 81 68, www.skivehus.dk. Traditionshotel mit modernem Anbau und Gartengrundstück am Flüsschen Karup Å.

*__Nykøbing Mors Vandrerhjem__, Øroddevej 15, Nykøbing, Tel. 97 72 06 17, Fax 97 72 07 76, www.danhostelnord.dk. Einfache Herberge direkt am Limfjordstrand von Mors.

Restaurant

Sallingsund Færgekro, Sallingsundvej 104, Nykøbing, Tel. 97 72 00 88. Gepflegte dänische Küche direkt am Sund auf der Insel Mors, dazu Gasthof mit 40 Zimmern.

41 Lemvig

Sanftes Paradies im Südwesten des Limfjords.

Bei ihrer Nordseemündung verbreitern sich die ruhigen Wasser des Limfjords zu einem ausgedehnten **Binnensee**. Neben Baden, Segeln und Windsurfen gehört in dieser Gegend das Angeln im Fjord, in der Nordsee oder in einem der zahlreichen Flüsse zu den beliebtesten **Urlaubsaktivitäten**. Angelscheine erhält man in örtlichen Touristenbüros oder Postämtern.

Das Zentrum der Region ist Lemvig, ein beschaulicher **Marktflecken** an einer geschützten Bucht im Süden des Fjords. Es bietet lediglich durch den 1936 errichteten, kupfergedeckten *Zwiebelturm* der bedeutend älteren *Marktkirche* (um 1200) im Ortszentrum einen ungewöhnlichen Anblick. Eine Besonderheit ist allerdings der sehr schön angelegte Wander- und Fahrradweg **Planetsti**, der sich vom bescheidenen Stadtmuseum an der Vestergade 12 km lang am Limfjord entlang zieht. Begleitet wird er von Bronzefiguren unseres Sonnensystems im Maßstab 1:1 Mrd.; Merkur oder Erde sind dabei nur wenige Meter vom Ausgangspunkt entfernt, wogegen der Planet Pluto erst am Ende der Strecke in Sicht kommt.

Holstebro

Von der mittelalterlichen Vergangenheit Holstebros ist nicht mehr viel zu erkennen, dafür sieht man in der lebendigen Stadt umso mehr moderne Kunst. Beim Bummel durch die Fußgängerzone entdeckt man mehrere ungewöhnliche Skulpturen, darunter auch einen Giacometti. Astrid Noack, Adam Fischer und viele weitere sind ebenfalls vertreten. Auch das **Holstebro Kunstmuseum** (Museumsvej 2, Juli–Aug. Di–So 11–17, sonst Di–Fr 12–16, Sa/So 11–17 Uhr, www.holstebrokunstmuseum.dk) wartet mit skandinavischer Kunst ab den 30er-Jahren des 20. Jh. auf – von Jens Nielsen bis Frithioff Johansen. Angegliedert sind eine Gemäldegalerie moderner Bilder sowie ein ethnografisches Kunstmuseum mit Objekten aus allen Erdteilen.

Thyborøn

Thyborøn am westlichen Ausgang des Limfjord ist einer der wichtigsten **Fischereihäfen** Dänemarks. Ansonsten ist der Ort bekannt für sein **Sneglehuset** (Sneglevej, Tel. 97 83 11 67, Sommer tgl. 10–16, Herbst/Frühjahr So, Di, Mi 11–14.15, Winter Di 11–14.15 Uhr). Schneckenhaus nennt man das Wohnhaus von Fischer Alfred Pedersen, weil der Sammler dessen Fassade und Innenräume 25 Jahre lang unverdrossen mit Muscheln und Schneckengehäusen dekoriert hat, fantasievoll zu Blumenmustern, Arabesken und einer Meerjungfrau arrangiert.

Jeder fängt mal klein an, beim Segeln sinnfällig in der Optimisten-Klasse

Praktische Hinweise

Information

Lemvig Turistbureau, Toldbodgade 4, Tel. 97 82 00 77, Fax 97 82 30 77, www.visitlemvig.dk

Fantasie, Gestaltungsfreude und jede Menge Fleiß verrät die Fassade des Sneglehuset

Fähre

Thyborøn Agger, Tel. 96 90 80 00, Fax 97 83 25 05. Die Autofähre setzt in 10 Min. über die Mündung des Limfjord.

Camping

Lemvig Camping, Vinkelhagevej 6, Lemvig, Tel. 97 82 00 42, Fax 97 81 04 56, www.lemvigcamping.dk. Lang gestrecktes Wiesengelände westlich des Ortes, dicht am einladenden Limfjordstrand.

Restaurant

Fiskehallen, Havnegade 5 a, Thyborøn, Tel. 97 83 28 82. Frisch zubereiteter Fisch im rustikalen Edelimbiss am Hafen.

42 Thy

Ländliche Ferienregion mit Nordseestränden und weitem Hinterland.

Abwechslungsreich ist die Region Thy, eine bis zu 20 km breite Landzunge zwischen dem Limfjord und den Sandstränden der Nordsee. Sanfte Hügel und brettflache Ebenen, Heideflächen, Wälder wie die **Nystrup Plantage** zwischen Vorupør und Klitmøller, dann wieder *Vogelschutzgebiete*. Hier soll 2008 der erste Nationalpark Dänemarks entstehen.

Dünen und unzählige bunte **Ferienhäuschen** charakterisieren den rund 100 km langen Küstenabschnitt zwischen Agger im Südwesten und Fjerritslev im Norden. Es gibt aber auch noch ruhige **Küstendörfer** wie *Nørre Vorupør*, *Slettestrand*, *Thorup Strand* oder *Lild Strand*, in denen die Fischer abends ihre Schiffe mit einer Winde, dem *Gangspill*, einfach an den Strand ziehen.

Ganz im Süden, beim Dörfchen **Vestervig**, ragt der Turm der wuchtigen, weiß getünchten, dreischiffigen Granitquaderkirche fast 30 m über dem flachen Land auf. Diese 60 m lange Dorfkirche, die auch **Thylands Dom** genannt wird, war im 12. Jh. Teil eines Augustinerchorherrenkonvents und zeitweise sogar Bischofssitz. Einige Grabsteine im Innern des Gotteshauses und auf dem angrenzenden Friedhof stammen noch aus dem 13. Jh.

Der Hafen von **Hanstholm**, von dem auch Fähren nach Norwegen und zu den nordatlantischen Inseln ablegen, wurde erst nach dem Zweiten Weltkrieg ausgebaut. In dem Ort ist ein Teil einer gewaltigen, mehr als 9 km^2 umfassenden **Festungsanlage** erhalten, die die Deutsche Wehrmacht im Zweiten Weltkrieg mit Bunkern und Geschützen als Teil des Atlantikwalls anlegte. In ihren Mauern beleuchtet das **Museums Center Hanstholm** (Tårnvej/Molevej, Febr.–Okt. 10–16, Juni–Aug. 10–17 Uhr, www.museumscenterhanstholm.dk) dieses dunkle Kapitel der deutsch-dänischen Geschichte.

i Praktische Hinweise

Information

Thisted Turistbureau, Det gamle Rådhus, Store Torv 6, Thisted, Tel. 97 92 19 00, Fax 97 92 56 04, www.thyguiden.dk

Fähren

Fjord Line, Coastergade 10, Hanstholm, Info in Deutschland: Tel. 040/37 69 33 50, Fax 040/37 69 32 00,

Vom Winde verweht – nur langsam deckt der Sand die Betonreste des Atlantikwalls zu, den Deutsche während des Zweiten Weltkrieges an Jütlands Nordwestküste errichtet hatten

www.fjordline.de. Von Hanstholm nach Egersund und Bergen in Norwegen.

Smyril Line, Trafikhavnsgade 7, Hanstholm, Tel. 96 55 03 60, www.smyril-line.com. Fähren zwischen Hanstholm und den Färöer Inseln, von dort Weiterfahrt zu den Shetland Inseln (GB) sowie nach Island möglich.

Camping

Strandgårdens Camping, Vesterhavsgade 85, Nørre Vorupør, Tel. 97 93 80 05. Stellplätze in buckligem Dünengelände bei der Nordsee, die hier bei Windsurfern als günstiges Surfrevier besonders beliebt ist.

Hotel

****Sømandshjem Hanstholm**, Kai Lindbergsgade 71, Hanstholm, Tel. 97 96 11 45, Fax 97 96 27 80, www.hshh.dk/nytsite. Große, einfache Herberge am Hafen.

Restaurant

Hanstholm Røgeri, Kai Lindbergsgade 41, Hanstholm, Tel. 97 96 21 66. Frischen und geräucherten Fisch direkt am Hafen genießen.

43 Jammerbugten

TOP TIPP *Badefreuden an der Jammerbucht.*

Über 80 km lange, breite **Sandstrände**, dahinter ein ausgedehnter Dünengürtel, Urlaubshotels entlang der Küste, mehr als ein Dutzend Campingplätze sowie Ferienhäuser in großer Zahl, Restaurants, Bars und Diskotheken – keine Frage, die lang gezogene Jammerbugten zwischen Slettestrand und Hirtshals gehört zu den beliebtesten **Badeplätzen** an der Nordsee. Ihren Namen verdankt die Jammerbucht den zahlreichen Schiffskatastrophen, die sich vor ihrer Küste im Laufe der Jahrhunderte im stürmischen Skagerrak zutrugen.

Hjørring, alte Hafen- und Hauptstadt der sich südwärts erstreckenden Region *Vendsyssel*, erhielt schon 1243 Stadtrechte. Auf dem Hügel inmitten der heute 24 000 Einwohner zählenden Kleinstadt fanden bis zum Mittelalter Thingversammlungen statt. In der Nähe des zentralen Skt. Olai Plads stehen drei romanische Kirchen aus dem 11.–13. Jh. nicht weit voneinander. Das Äußere der *Skt. Catharinæ Kirke* (Mo–Fr 9–16 Uhr) zieren inzwischen geschwungene Barockhauben, während die *Skt. Olai Kirke* noch eine romanische Kanzel besitzt und die *Skt. Hans Kirke* mit Fresken aus dem 14. Jh. ausgemalt ist.

Auf halbem Weg zwischen den beiden früheren Fischerdörfern Løkken und Blokhus liegt bei Saltum das Freizeitzentrum **Fårup Aquapark og Sommerland** (Pi-

Gold des Nordens

Eigentlich ist **Bernstein** erstarrtes und in Jahrmillionen unter Druck geformtes Harz prähistorischer Nadelbäume. Das meist goldgelbe bis braune Material – es kommt auch in den Farben gelbweiß und nahezu schwarz vor – wird weder geschürft oder gefördert. Das Meer übernimmt diese Arbeit und schwemmt, vor allem nach starken **Herbststürmen** aus dem Boden gelöste Bernsteinklumpen an die Strände. Die Westküste Jütlands ist einer der ergiebigsten Fundorte der Welt, und so laufen Sammler nach Stürmen die Nordseeküste ab und stochern dort, wo die Flut am höchsten gestiegen ist, in Tang und Treibholz. Zunächst ist Bernstein unansehnlich, fühlt sich aber in der Hand warm an. Außerdem ist der Succinit deutlich leichter als Stein und lädt sich beim Reiben negativ elektrisch auf. Eine Bernsteinschleiferei, **Ravsliberi**, poliert eventuelle Fundstücke gern zu Schmuckstücken oder fasst sie ein.

Bereits in der Steinzeit war Bernstein als **Handelsware** begehrt, die im Austausch gegen Werkzeuge und Waffen bis in den Mittelmeerraum gelangte. Am wertvollsten sind die Stücke, in denen vor rund 30 Mio. Jahren **Insekten** eingeschlossen wurden, die noch immer so aussehen, als seien sie soeben im Flug erstarrt.

Unbeschwerter Badespaß im Farup Aquapark og Sommerland bei Saltum

rupvejen, Mitte Mai–Aug. tgl. 10–18, mitunter bis 20 Uhr, Tel. 98 88 16 00, www.faarupsommerland.dk). Mit seinen abenteuerlichen Wasserrutschen, mit Badelandschaft, Go-Cart, Reitmöglichkeiten, Imbiss- und Picknickplätzen wirkt es vor allem für Familien mit Kindern bei jedem Wetter wie ein Magnet. In der Nähe lässt sich übrigens ein flacher Strandabschnitt mit dem Auto befahren.

Die 90 m hohe Wanderdüne *Rubjerg Knude* hat inzwischen den stillgelegten Leuchtturm *Rubjerg Knude Fyr* fast vollständig verschlungen. Bis vor einigen Jahren informierte hier noch ein Sandflugmuseum über das Vorrücken der Düne, diese Aufgabe übernimmt nun das **Vendsyssel historiske Museum** (Strandfogegården, Rubjerg, www.vhm.dk, 15. Juni–15. Sept. Mo–Fr/So 11–17 Uhr). Überdies findet sich dort eine regionalgeschichtliche Ausstellung.

i Praktische Hinweise

Information

Hjørring Turistbureau, Museumsgade 3, Tel. 98 92 02 32, Fax 98 92 04 52, www.visithjoerring.dk, www.visitjammerbugten.dk

Sport

Løkken Golfklub, Vrenstedvej 226, Løkken, Tel. 98 99 10 33. Zwei Bahnen, eine mit 18, die andere mit 9 Löchern.

Nachtleben

ActionHouse Disco New York, Industrievej 1, Løkken, www.actionhouse.dk. Lautes Abendvergnügen für jüngere Semester (tgl. 22–5 Uhr).

Camping

Klim Strand Camping, Fjerritslev, Tel. 98 22 53 40, Fax 98 22 57 77, www.klimstrand.dk. Mit Tennisplätzen, Wellnessbereich, Pool, Skateboardbahn u. a. ausgestattete Anlage am Strand.

Anschauungsunterricht: Am Fuß der Wanderdüne Rubjerg Knude lag das Sandflugtsmuseum, das mittlerweile dem beständig nachwehenden Sand zum Opfer gefallen ist

Løkken Strandcamping, Furreby Kirkevej 97, Løkken, Tel. 98 99 18 04, Fax 98 99 12 38, www.loekken camping.dk. Kleiner strandnaher Platz in den Dünen. Windsurfer und Paraglider finden hier ihr Paradies.

Hotels

******Løkken Badehotel**, Torvet 8, Løkken, Tel. 98 99 14 11, Fax 98 99 27 12, www. loekken-badehotel.dk. 36 gepflegte Apartments nicht weit vom Meer, mit Wellnessbereich und gutem Restaurant.

Restaurant

Strandingskroen, Høkervej 2, Blokhus, Tel. 98 24 90 07. Vorzügliche Fischgerichte.

44 Hirtshals

Fährhafen mit spannendem Museum zum Leben in und mit der Nordsee.

Die nüchterne, überschaubare **Hafenstadt** mit einer der größten Fischereiflotten des Landes sowie regem Fährverkehr nach Norwegen liegt auf einem Landvorsprung, der die *Jammerbugten* von **Tannis Bugt** trennt, die sich von Hirtshals 50 km nach Nordwesten bis an die Spitze Jütlands bei Grenen zieht. Hier bieten sich bei *Kjul Strand* und bei *Skiveren Strand* ruhige, wenig frequentierte Küstenabschnitte, die von Dünenwäldern, Sandriffen und Feuchtgebieten gesäumt werden.

Die größte Attraktion von Hirtshals und Umgebung ist neben den feinen Sandstränden zweifellos das TOP TIPP anspruchsvolle **Nordsømuseet** (Willemoesvej, www.nscentr.dk, Mitte Juni–Mitte Aug. tgl. 10–20, sonst bis 17 Uhr). Es werden Flora und Fauna bis hin zu Mikroorganismen der Nordsee vorgestellt, das größte Ozeanarium Nordeuropas fasst genug Wasser, um ganze Fischschwärme zu beherbergen.

Einblicke in die Unterwasserwelt bietet das Nordsømuseet in Hirtshals

i Praktische Hinweise

Information

Hirtshals Turistbureau, Nørregade 40, Tel. 98 94 22 20, Fax 98 94 58 20, www.hirtshals-tourist.dk

Fähre

Color Line, Hirtshals, Tel. 99 56 20 00, Fax 99 56 20 20, www.colorline.de. Hirtshals – Oslo und Kristiansand (Norwegen)

Camping

Skiveren Camping, Skiveren, Tel. 98 93 22 00, Fax 98 93 21 60, www.skiveren.dk. Wunderbarer Platz mit Badecenter, direkt am breiten Sandstrand der Tannisbucht.

Hotel

****Fyrklit**, Kystvejen 10, Hirtshals, Tel. 98 94 20 00, www.danland.dk. Große Apartmentanlage direkt am Strand mit schönem Erlebnisbad.

Restaurant

Restaurant Lilleheden, Hjørringgade 2, Hirtshals, Tel. 98 94 45 38. Nettes Fischrestaurant mit Blick auf den Hafen, im Sommer mit Terrassenplätzen.

45 Frederikshavn

Fährmetropole und Einkaufszentrum skandinavischer Nachbarn.

Für Verleihung der Stadtrechte im Jahr 1818 war der Fischerort *Fladstrand* König Frederik VI. so dankbar, dass er sich in Frederikshavn umbenannte. Nur einige Fachwerkhäuser erinnern noch an diese alten Zeiten, heute prägen vor allem **Fischerei** und **Werften** die mit 35 000 Einwohnern größte Stadt Jütlands nördlich

Propere Fachwerkhäuser umgeben die Vor Frue Kirke in Sæby

des Limfjord. Zum betriebsamen Erscheinungsbild trägt der **Fährhafen** erheblich bei, der den von hohen Steuern gebeutelten Schweden und Norwegern wie ein Tor zum Einkaufsparadies scheint.

Einziger Überrest einer kleinen, 1690 zum Schutz der Küste errichteten Zitadelle ist der Pulverturm **Krudttårnet** (Havnepladsen, Juni–Mitte Sept. tgl. 10.30–17 Uhr) am nördlichen Hafenrand, in dem heute ein Museum für Militärgeschichte seit dem 17. Jh. untergebracht ist.

Einblicke in die Geschichte der Region verschafft das **Bangsbo Museum** (Dronning Margrethesvej, Di–So 10–17 Uhr, www.bangsbo-museum.dk) südwestlich von Frederikshavn. In dem Landsitz aus dem 16. Jh. ist das *Ellingåskip* ausgestellt, die sehenswerten Überreste eines 14 m langen Handelsschiffes der Wikinger aus dem 12. Jh., das 1968 5 km nördlich von Frederikshavn ausgegraben wurde, dazu Wohneinrichtungen und Haushaltsgegenstände aus den letzten zwei Jahrhunderten. Außerdem kann man sich über die deutsche Besatzungszeit im Zweiten Weltkrieg und den dänischen Widerstand während dieser Zeit informieren.

Ausflug

Es lohnt sich, von Frederikshavn einige Kilometer nach Süden zu fahren. Dort sind die Innenstadt von **Sæby** mit Fischerhäusern im Fachwerkstil und der Vor Frue Kirke mit sehenswerten Fresken des 15. Jh. aus dem Leben Mariens zu bewundern. Unter den Herrensitzen und Schlössern der Umgebung ragt der schmucke Renaissancebau von **Voergard Slot** (Flauenskjold, Tel. 98 40 90 72, Ende Juni–Ende Aug. tgl. 10–17 Uhr, Frühjahr/Herbst Sa/So 11–17 Uhr) heraus, durch dessen Schlosspark Pfaue stolzieren. Die Innenräume sind mit Bildern von Raffael, El Greco und Van Gogh sowie mit einer Sammlung von französischem Porzellan prachtvoll ausgestattet.

Erlebnisse anderer Art verspricht eine Überfahrt nach **Læsø**, der mit 116 km^2 größten Insel im Kattegat. Bei einer Fahrradtour erreicht man ihre Schönheiten am einfachsten. Bemerkenswert sind die mit dicken Tanghauben gedeckten Häuser, einsame Strände im Westen und Norden, die *Vesterø Sønderkirke* mit gotischen Wandbildern, die rekonstruierte *Salzsiedehütte* in Byrum oder das bewaldete Naturschutzgebiet *Nordmarken* westlich von Østerby Havn.

i Praktische Hinweise

Information

Frederikshavn Turistbureau, Skandiatorv 1, Tel. 98 42 32 66, Fax 98 42 12 99, www.frederikshavn-tourist.dk

Fähren

Color Line, Frederikshavn, Tel. 99 56 20 00, Fax 99 56 20 20, www.colorline.de. Frederikshavn–Larvik (Norwegen).

Læsø Line, Frederikshavn, Tel. 98 49 90 22, Fax 99 49 95 22, www.laesoe-line.dk. Mehrmals tgl. in 90 Min. auf die Insel Læsø.

Stena Line, Frederikshavn, Tel. 96 20 02 00, Fax 96 20 02 81, www.stenaline.de. Von Frederikshavn nach Göteborg und Oslo.

Hotel

****Sømandshjem & Hotel**, Tordenskjoldsgade 15 B, Frederikshavn, Tel. 98 42 09 77, Fax 98 43 18 99, www.fshotel. dk. Zentral gelegenes Haus, mit Familienzimmern.

Restaurants

Gastronomen, Jernbanegade 7, Frederikshavn, Tel. 98 42 22 55, www.parkhotel frederikshavn.dk. Gute Fischgerichte.

Hyttefadet, Trindelen 2 (im Fischereihafen), Tel. 98 42 52 22, Frederikshavn.

Als ›Hüttenessen‹ gibt es u.a. gebratene Scholle und eingelegte oder gebratene Heringe (Mo–Sa 11–14, Juli–Mitte Aug. bis 21 Uhr).

46 Skagen

Künstlerkolonie und Ferienidyll, wo sich Nord- und Ostsee küssen.

Skagen (15 000 Einw.), die nördlichste Stadt Dänemarks, präsentiert sich mit einer interessanten Mischung aus Beschaulichkeit und Betriebsamkeit. Es lebt gewissermaßen vom Ruhm der **Skagenmaler** [s. S. 122], die vor mehr als 100 Jahren Menschen, Landschaft und Licht an der Spitze Dänemarks für sich entdeckten. Gleichzeitig ist die moderne Zeit unübersehbar, wenn in den Hallen des **Fischereihafens** in aller Frühe die angelandeten Fänge versteigert und flugs mit bereits wartenden Kühllastern zur Verarbeitung bis nach Mitteleuropa transportiert werden. In Skagen finden aber auch die vielen **Freizeitboote** einen Liegeplatz, deren Skipper die Kulisse des von roten Giebelpackhäusern gerahmten Hafenbeckens schätzen.

In dem alten Wohnviertel, das sich nordwestlich an den Hafen anschließt, ducken sich gelb gestrichene Häuser hinter Hecken und Fliederbüschen. Hier präsentiert das stattliche, 1928 von Architekt Ulrik Plesner (1861–1933) aus Backstein errichtete **Skagens Museum** (Brøndumsvej 4, Di–So 10–17 Uhr, Mai–Aug. auch Mo, www.skagensmuseum.dk) die besten Bilder der Skagenmaler, von Peder Severin Krøyer (1851–1909), Anna (1859–1935) und Michael Ancher (1849–1927) oder anderen. Auch das in ein Museum umgewandelte **Michael & Anna Ancher Hus** (Markvej 2–4, Nov. und Febr./März Sa 11–15, Okt. und April tgl. 11–15, Mai–Sept. tgl. 10–17 Uhr, www.anchershus.dk), das noch original ausgestattete ehem. Wohnhaus des Künstlerpaares, liegt ganz in der Nähe.

TOP TIPP

Das dritte Museum der Künstlerkolonie, das mit persönlichen Erinnerungsstücken des Dichters und Zeichners Holger Drachmann (1846–1908) eingerichtete **Drachmanns Hus** (Han Baghsvej 21, Mai Sa/So 11–15, Juni–Sept. tgl. 11–15 Uhr, www.drachmannshus.dk), liegt bereits südlich des Ortszentrums, in dem sich trefflich bummeln und in geschmackvollen Galerien und Boutiquen wunderbar einkaufen lässt. Nicht weit von Drachmanns Hus entfernt, stellt das ungewöhnliche **Skagen By- & Egnsmuseum Fortidminder** (P. K. Nielsensvej, Mai–Sept. tgl. 10–17, März–April und Okt.–Nov. Mo–Fr 10–16 , Jan./Febr. Mo–Fr 11–15 Uhr, www.skagen-bymus.dk) in den beiden Häusern eines armen und eines reichen Fischers des 19. Jh. aus. Die Exponate erzählen von der Schifffahrt, dem Fischfang, der Seenotrettung und von den früher harten Lebensumständen an der Küste.

Das **Skagen Rav Museum** (Sct. Laurentiivej 60 E, Mai–Aug. Mo–Sa 9.30–17.30, So 10–17, Sept.–April Di–Fr 11–16.30, Sa 10–13 Uhr, www.ravmuseum.dk) zeigt die erstaunliche Zahl von 120 000 rohen und bearbeiteten Bernsteinen, darunter viele mit eingeschlossenen Insekten und sogar einige fast schwarze Stücke.

Ende Juni/Anfang Juli treffen sich in Skagen jedes Jahr vier Tage lang die Folk- und Rockeliten Skandinaviens mit internationalen Gästen zum **Skagen Festival** (Tel. 98 44 40 94, www.skagenfestival.dk). Auf vier über die Stadt verteilten Bühnen spielen sie vor insgesamt bis zu 20 000 Zuhörern in entspannter Sommeratmosphäre, was Instrumente und Stimmbänder hergeben. Seit 1995 wird die Auszeichnung *Folkemusik-Prisen*

TOP TIPP

Mit Sack und Pack reisen Folk- und Rockfans jeden Sommer zum Skagen Festival an

Vertrauliche Gespräche beim Strandspaziergang – Peter Krøyer hielt sie im Bild fest

Künstlerkolonie in nördlichem Licht

Der landesweit bekannte Poet und Zeichner **Holger Drachmann** (1846–1908) brachte den Stein ins Rollen, als er 1870 das Fischerdorf Skagen an der kargen Nordspitze von Jütland zu seinem Sommerwohnsitz erkor. Ihm folgten andere, 1874 der Bornholmer Künstler **Michael Ancher** (1849–1927), der hier seine spätere Frau **Anna Brøndum** (1859–1935) kennenlernte, Tochter des lokalen Gastwirts und heute als eine der besten Malerinnen Dänemarks geschätzt, dann die arrivierten Maler **Peder Severin Krøyer** (1851–1909), der eigentlich aus Norwegen stammte, und **Viggo Johannsen**, der Kunsthistoriker und Künstler **Karl Madsen**, der Norweger **Christian Krogh** und der Schwede **Oscar Björk** – später zusammengefasst unter dem Begriff **Skagenmaler**. Sie alle waren begeistert von der urtümlichen Natur, den herben Landschaften. Beeinflusst durch französische Impressionisten, ließen sie sich vom Meer und dem Himmel mit seinem nördlichen Licht inspirieren, und sie malten die Menschen aus Skagen, Fischer, deren Familien und sich selbst. Eines der bekanntesten **Skagenbilder**, Krøyers ›Sommerabend am Strand von Skagen‹, zeigt seine Frau Maria mit Anna Ancher, beide in langen, weißen Kleidern am Strand, wobei der Künstler die ›blaue Stunde‹ einfing, in der das Wasser mit dem Horizont zu verschmelzen scheint.

1908 richteten Peter Severin Kroyer und andere Skagenmaler noch selbst das **Skagens Museum** [s. S. 121] mit ihren besten Bildern ein. Die Arbeiten sind seit 1928 in einem mehrfach erweiterten Neubau neben Brøndums Hotel zu sehen. Auch das Wohnhaus von Anna und Michael Ancher [s. S. 121] sowie die sog. Villa Pax Holger Drachmanns [s. S. 121] geben als Museen Zeugnis vom Lebensstil und der kreativen Energie der Skagenmaler um die Wende vom 19. zum 20. Jh.

vergeben, die sich bekannte skandinavische Folkmusiker wie Allan Olsen oder Michael Wiehe ersungen und erspielt haben.

Ein Standortvorteil von Skagen besteht darin, dass Sommerurlauber nach Wind und Wolken entscheiden können, ob sie in der Nordsee, vielleicht bei *Gammel Skagen/Højen*, oder in der Ostsee, etwa bei *Damstedt Klit* südlich von Skagen, baden wollen. Beide **Sandstrände** liegen nur wenige Minuten voneinander entfernt.

Südlich von Skagen erstreckt sich eine harmonische Landschaft mit Wäldern, Heideflächen, Feuchtwiesen und Wanderdünen. Die riesige **Råbjerg Mile** bei

Kandestederne nahe Ålbæk etwa bewegt sich noch immer etwa 8 m pro Jahr nach Osten und deckt dabei Büsche und Bäume auf ihrem Weg unaufhaltsam zu.

Etwa auf halbem Weg zwischen Skagen und der Nordspitze Jütlands eröffnete im Jahr 2000 das **Skagen Odde Naturcenter** (Batterivej 51, Mitte Mai–Aug. tgl. 10–22, sonst tgl. 10–16 Uhr, www.skagen-natur.dk). Wasser, Wind, Licht und Sand spielen in den vier Themenräumen des eigenwilligen, wie eine flache weiße Burg in die Dünenlandschaft eingefügten Neubaus des Architekten Jørn Utzon die Hauptrolle.

Nördlich davon liegt in der Heidelandschaft ein Vogelbrutgebiet sowie das **Grenen Museum** (Mai–Sept. tgl. 11–16, Juni–Aug. bis 17 Uhr, www.grenenkunstmuseum.dk), das zeitgenössische Kunst mit maritimen Motiven zeigt. Von dort aus geht es zu Fuß oder mit einem Traktorbus *Sandormen* weiter durch die windzerzausten Dünen bis zur sandigen Spitze von **Grenen**, an der die Wellen der Ostsee von rechts und die der Nordsee von links zusammentreffen. Wegen der dadurch entstehenden tückischen Strömungen ist hier das Baden strengstens verboten.

i Praktische Hinweise

Information

Skagen Turistbureau, Sct. Laurentiivej 22, Tel. 98 44 13 77, Fax 98 45 02 94, www.skagen-tourist.dk

Sport

Golfklubben Hvide Klit, Hvideklitvej 28, Bunken (bei Aalbek), Tel. 98 48 90 21. Wunderbar in die nördliche Dünen- und Waldlandschaft eingefügter 18-Loch-Kurs.

Einkaufen

Galerie Skagen, Trondsvej 16, Skagen. Stellt Werke des Norwegers Vidar Mørch und anderer ortsansässiger Kunstmaler zum Verkauf aus (Di–So 11–18 Uhr).

Camping

Bunken Camping, Aalbekvej 288 (zwischen Hulsig und Aalbek), Tel. 98 48 71 80, Fax 98 48 89 05, www.publiccamp.dk/bunken. Gut ausgestatteter, durch Büsche und Hecken unterteilter Platz direkt am Ostseestrand.

Grenen Camping, Fyrvej 16, Skagen, Tel. 98 44 25 46, Fax 98 44 65 46, www.grenencamping.dk. Schöne Anlage zwischen Straße und Dünen, unmittelbar nördlich von Skagen.

Hotel

***__Skagen Strand__**, Tranevej 108, Hulsig, Tel. 98 48 72 72, Fax 98 48 71 15, www.skagenstrand.dk. Geschmackvolle Reihenhäuser nicht weit vom Strand, großes Sportangebot, Fahrradverleih.

Restaurants

Bodille's Kro, Østre Strandvej 11, Skagen, Tel. 98 44 33 00. In dem gemütlichen Gasthof beim Hafen kommen große Fischportionen auf den Tisch.

Hjorts Hotel, Kandebakkevej 17, Skagen, OT Kandestederne, Tel. 98 48 79 00. Das Restaurant liegt am Rand der Dünen und serviert köstliche Fischgerichte. Der Service ist freundlich, die Weinauswahl vielfältig. Unterm Dach befinden sich Gästezimmer.

TOP TIPP **Pakhuset**, Rødspættevej 6, Skagen, Tel. 98 44 20 00, www.pakhuset-skagen.dk. In dem umgebauten traditionellen Lagerhaus am Sporthafen wird raffinierte Fischküche serviert. Das Parterre nimmt eine Gaststube ein, im Obergeschoss befindet sich das Restaurant. Dort ist z. B. die Safran-Fischsuppe einfach ein Gedicht.

Einsamkeit umgibt den Leuchtturm von Skagen, der das Nordende von Dänemark markiert

BÅD

13

Dänemark aktuell A bis Z

Vor Reiseantritt

ADAC Info-Service:
Tel. 0 18 05/10 11 12, Fax 0 18 05/30 29 28 (0,14 €/Min.)

ADAC im Internet:
www.adac.de
www.adac.de/reisefuehrer

Dänemark im Internet:
www.visitdenmark.com
www.denmark.dk

Informationen erteilt das **Dänische Fremdenverkehrsamt**, Glockengießerwall 2, D-20095 Hamburg, Tel. 018 05/32 64 63 (0,14 €/Min.), Fax 040/54 76 10 27

Detaillierte Auskünfte bieten auch folgende **Regionalverbände**:

Bornholm: Bornholms Velkomstcenter, Ndr. Kystvej 3, DK-3700 Rønne, Tel. 56 95 95 00, www.bornholm.info

Fünen: Fyntour, Sivmosevænget 4, DK-5260 Odense S, Tel. 63 11 87 17, Fax 66 13 13 38, www.visitfyn.com

Mittel- und Nordjütland: Midt-Nord Turisme Skeelslund, Postboks 310, DK-9440 Aabybro, Tel. 96 96 12 00, Fax 98 24 47 74, www.visitnord.dk

Ostjütland: Østjyllands Turistudviklingsfond, Nordhavnsgade 1–3, DK-8000 Århus C, Tel. 87 33 83 33, Fax 87 33 83 89, www.visiteastjutland.com

Südostjütland: Region Sydøstjylland Turismeudviklingsselskabet, Vestre Engvej 21, DK-7100 Vejle, Tel. 75 83 59 99, Fax 75 72 64 99, www.sej.dk

Südjütland: Turist Marketing Sønderjylland, H. P. Hansensgade 5, 6200 Aabenraa, Tel. 73 31 20 20, http://de.sydjylland.com

Westjütland: Turistgruppen Vestjylland, Torvet 5, DK-6830 Nørre Nebel, www.tgv.dk

Westseeland, Møn, Lolland-Falster: Østdansk Turisme, Banegårdspladsen 2,1, DK-4700 Næstved, Tel. 54 86 13 48, Fax 54 85 40 16 www.visiteastdenmark.com

Allgemeine Informationen

Reisedokumente

Personalausweis oder Reisepass (noch mind. 3 Monate gültig). Kinder unter 16 Jahren Kinderausweis oder Eintrag im Elternpass. Grenzkontrollen werden jedoch kaum noch durchgeführt.

Kfz-Papiere

Autofahrer benötigen einen nationalen Führerschein, den Kfz-Schein sowie ein Nationalitätskennzeichen, sofern das Auto kein Euro-Nummernschild hat. (Grüne Versicherungskarte nicht obligatorisch.)

Krankenversicherung und Impfungen

Bei plötzlicher Erkrankung oder Unfall haben auch Urlauber Anspruch auf kostenlose Behandlung in dänischen Krankenhäusern. Seit dem 1. Januar 2006 ist die Europäische Krankenversicherungskarte in die Versicherungskarte integriert. Sie wird in ganz EU-Europa anerkannt und garantiert die medizinische Versorgung. Sicherheitshalber empfiehlt sich jedoch der Abschluss einer zusätzlichen Reisekranken- und Rückholversicherung.

◁ **Oben:** *Marktfrau in Tønder*
Mitte: *Segeln und Shoppen in Dänemark*
Unten: *Kleine Steine kommen in Legoland ganz groß raus*

Hund und Katze

EU-Tierpass, erhältlich beim Tierarzt, in dem zumindest die Tollwutimpfung (mind. 30 Tage, max. 12 Monate) vermerkt sein muss.

Zollbestimmungen

Reisebedarf für den persönlichen Gebrauch obliegt innerhalb der EU keinen Beschränkungen und darf abgabenfrei eingeführt werden. Folgende Richtmengen gelten für Privatreisende: 300 Zigaretten, 150 Zigarillos, 75 Zigarren, 400 g Tabak, 1,5 l Spirituosen, 90 l Wein (davon max. 60 l Schaumwein), 110 l Bier.

Bei direkter Einreise aus einem Nicht-EU-Land gelten folgende Höchstgrenzen: 1 l Spirituosen oder 2 l Dessertwein, dazu 2 l Wein, 200 g Zigaretten oder 250g Tabak.

Geld

Die *Dänische Krone* (DKK) teilt sich in 100 *Øre*. Folgende Münzen sind im Umlauf: 25 und 50 Øre, 1 Krone, 2 Kronen, 5, 10 und 20 Kronen, die Banknoten lauten auf DKK 50, 100, 200, 500, 1000.

Dänische Banken akzeptieren **Reiseschecks**, an Bankautomaten lässt sich mit der **EC-Karte** sowie **Kreditkarten** Bargeld abheben. Viele Geschäfte, Hotels und Restaurants akzeptieren ebenfalls Kreditkarten und die EC-Karte, in Grenznähe auch den Euro.

Tourismusämter im Land

Die örtlichen Touristenbüros sind unter Praktische Hinweise bei den jeweiligen Orten im Haupttext aufgeführt [s. S. 125].

Notrufnummern

Einheitlicher Notruf: Tel. 112
(EU-weit, auch mobil: Polizei, Unfallrettung, Feuerwehr)

ADAC-Notrufstation Dänemark:
Tel. 79 42 42 85 (rund um die Uhr)

ADAC-Notrufzentrale München:
Tel. 00 49/89/22 22 22 (rund um die Uhr)

ADAC-Ambulanzdienst München:
Tel. 00 49/89/76 76 76 (rund um die Uhr)

Österreichischer Automobil Motorrad und Touring Club
ÖAMTC Schutzbrief-Nothilfe:
Tel. 00 43/(0)1/2 51 20 00

Touring Club Schweiz
TCS Zentrale Hilfsstelle:
Tel. 00 41/(0)2 24 17 22 20

Diplomatische Vertretungen

Deutschland

Deutsche Botschaft,
Stockholmsgade 57, 2100 København Ø,
Tel. 35 45 99 00, Fax 35 26 71 05

Österreich

Österreichische Botschaft,
Solundsvej 1, 2100 Kopenhagen,
Tel. 39 29 41 41, Fax 39 29 20 86

Schweiz

Schweizer Botschaft,
Amaliegade 14, 1256 København K,
Tel. 33 14 17 96, Fax 33 33 75 51

Besondere Verkehrsbestimmungen

Höchstgeschwindigkeiten (in km/h): Pkw auf Autobahnen 130, in der Umgebung von Städten aber nur 110, Landstraßen 80, in Ortschaften 50. Pkw mit Anhänger sowie Wohnmobile 70. Die **Promillegrenze** liegt bei 0,5.

Es ist verboten, während der Fahrt ohne Freisprechanlage mit dem **Handy** zu telefonieren. **Anschnallpflicht** herrscht auf Vorder- und Rücksitzen. Autos und Motorräder müssen bei der Fahrt stets das **Abblendlicht** eingeschaltet haben. Für Motorradfahrer gilt Helmpflicht.

Weiße, auf die Fahrbahn gemalte Dreiecke bedeuten ›Vorfahrt achten‹. Auf der Storebælt- und der Øresundbrücke werden Mautgebühren erhoben.

Anreise

Auto

An der Grenze zu Jütland gibt es sieben Übergänge, die Grenzstationen wurden mittlerweile aber weitgehend abgebaut.

Umfangreiches **Informations-** und **Kartenmaterial** können Mitglieder des ADAC kostenlos bei den ADAC-Geschäftsstellen oder unter Tel. 018 05/10 11 12 (0,14 €/ Min.) anfordern. Außerdem ist im ADAC Verlag das Reisemagazin *Dänemark* erschienen.

Tankstellen mit bleifreiem (*blyfri*) Benzin, Zweitakter-Treibstoff, Diesel und Gas sind flächendeckend vorhanden.

Bahn

Über die Vogelfluglinie (Puttgarden/Rødby) und die Große-Belt-Verbindung fahren täglich mehrere Fernzüge von deutschen Großstädten aus nach *Kopenhagen*. Über Flensburg erreicht man mit dem Zug die Städte *Frederikshavn* oder *Kopenhagen*.

Fahrplanauskunft:

Deutschland

Deutsche Bahn, Tel. 1 18 61 (persönlich, gebührenpfl.), Tel. 08 00/1 50 70 90 (sprachgesteuert), www.bahn.de

Deutsche Bahn AutoZug,
Tel. 018 05/24 12 24, www.autozug.de

Österreich

Österreichische Bundesbahn,
Tel. 05 17 17, www.oebb.at

Fähren sind ein unverzichtbares Transportmittel zwischen den dänischen Inseln

Schweiz
Schweizerische Bundesbahnen,
Tel. 09 00 30 03 00, www.sbb.ch

Flugzeug

Von den meisten deutschen sowie einigen österreichischen und Schweizer Flughäfen bestehen direkte Flugverbindungen nach Kopenhagen (Flughafen, www.cph.dk). Einige Flüge gehen direkt nach Billund in Jütland.

Schiff

Die Reedereien sind bei den jeweiligen Punkten unter Praktische Hinweise aufgeführt. Die Fähren Puttgarden/Rødbyhavn, Rostock/Gedser, Mukran/Rønne/Køge und Sylt/Rømø befördern auch Auto- und Fahrradurlauber.

Feuerrot ist die Farbe der Post

Bank, Post, Telefon

Bank

Banken und Sparkassen sind meist Mo–Fr 9.30–16, Do bis 18 Uhr geöffnet. Mit EC- und Kreditkarten kann man bei vielen Filialen rund um die Uhr Geld abheben. Eine Wechselgebühr von 20–35 DKK wird bei jedem Geldumtausch erhoben. In grenznahen Regionen wird häufig auch der Euro akzeptiert.

Wechselstuben, z. B. in größeren Bahnhöfen, haben meist länger geöffnet, verlangen aber höhere Gebühren als Kreditinstitute.

Post

Die Postämter haben im Allgemeinen Mo–Fr 9 oder 10–17 oder 19, Sa bis 12 oder 14 Uhr geöffnet.

Telefon

Alle dänischen Telefonnummern bestehen aus acht Ziffern und haben die örtliche Vorwahl bereits integriert.

Internationale Vorwahlen:
Dänemark 00 45
Färöer Inseln 0 02 98
Grönland 0 02 99
Deutschland 00 49
Österreich 00 43
Schweiz 00 41

In öffentlichen **Münztelefonen** lassen sich 1-, 2-, 5- oder 10-Kronenstücke verwenden. Der Minimumbetrag für ein Auslandsgespräch beträgt 5 DKK. Eine wachsende Zahl von öffentlichen Fernsprechern ist auf **Telefonkarten** (*Telefonkort*) umgestellt, die es in vielen Geschäften, Kiosken und Tankstellen für DKK 30, 50, und 100 zu kaufen gibt.

Königliches Porzellan für jedermann

Die Benutzung handelsüblicher **Mobiltelefone** ist in ganz Dänemark möglich. Man sollte sich jedoch vor Reiseantritt über das günstigste Netz vor Ort informieren und das eigene Mobiltelefon entsprechend programmieren.

Einkaufen

Die **Geschäfte** sind Mo–Fr 9 oder 10 bis 17.30 oder 18, Do bzw. Fr bis 19 oder 20, Sa bis 12 oder 14 Uhr geöffnet. Bäcker haben auch am Sonntagvormittag geöffnet. In den Feriengebieten sind im Sommer viele Geschäfte täglich geöffnet.

Einige Produkte wie Fleisch oder alkoholische Getränke sind teurer als beispielsweise in Deutschland, andere, wie Fisch oder Saisongemüse, sind billiger.

Zu den beliebtesten **Souvenirs** gehören Gebrauchsartikel für den Haushalt im dänischen Design sowie Kunsthandwerkliches, Keramik, Glas, handgezogene Kerzen, auch Möbel, Silberwaren und Bernsteinschmuck.

Essen und Trinken

Der Tag beginnt mit einem *Morgenmad*, dem Frühstück. Am Mittag gibt es dann *Frokost*, vielleicht mit *Smørrebrød*, einem der kunstvoll belegten Brote. Abends gibt es dann kein Abendbrot, sondern *Middag*, eine warme Mahlzeit.

Wer in Dänemark im **Restaurant** isst, muss meist etwas tiefer in die Tasche greifen. Eine Ausnahme ist das im Preis festgelegte **DanMenu**, das etwa DKK 130 für zwei Gänge kostet, aber in der Qualität unterschiedlich ausfallen kann. Dänisches **Bier**, Carlsberg oder Tuborg, wird im Land gern getrunken. **Weine** sind oft teuer.

In einer wachsenden Zahl von **Restaurants**, in denen regionale Rezepte und frische Zutaten mit den Ansprüchen einer leichten, schmackhaften Küche kombiniert werden, kreiert eine neue Generation dänischer Köche fantasievolle Fisch- oder Wildgerichte. Billiger ist es freilich, sich an einem Hafen in einem kleinen *Fisk en detail*-Geschäften frischen Fisch zu kaufen und diesen selbst zuzubereiten.

Gern lassen die Dänen bei Wikingerfesten ihre Vergangenheit wieder aufleben

Mehr als Pølser und Smørrebrød

Pølsevogn oder die **Pølsebod** gehören zum dänischen Stadtbild einfach dazu. Die Imbissstände bieten für den kleinen Hunger **Risted** oder **Almindelig**, eine Art Hot-Dog mit Zwiebeln, Gurkenscheiben, Remoulade, Ketchup und Senf. Die Kunst besteht darin, die übereinander geschichtete Köstlichkeit appetitlich zu verspeisen, ohne zu kleckern – zumindest für Touristen keine leichte Aufgabe.

Auch Smørrebrød gehört zur dänischen Lebensart. Natürlich sind es nicht einfache Butterbrote, wie der Name suggeriert. Als Basis dient meist Roggenbrot, bestrichen mit gesalzener Butter, dazu oft ein Salatblatt und dann das Wichtigste: **Paalæg**, der Belag. Hier sind der Fantasie kaum Grenzen gesetzt. Es könnten marinierte Heringsfilets mit roten Zwiebelringen, Kapern und Dillspitzen sein oder gekochte Rinderbrust mit Meerrettichstreifen und grünen Spargelspitzen oder mit **Sky**, gewürztem Gelee. Wichtig ist, dass das Brot unter den Aufschnittkreationen verschwindet.

Smørrebrød ist mehr als Butterbrot

Eine kalte Platte, **Kolde Bord**, besteht meist aus mehreren Gängen. Es beginnt meist mit **Sild**, also Hering, vielleicht mit Currysalat oder in Kräuterlake eingelegt, anschließend etwas Warmes, wie Leberpastete, **Leverpostej**, oder **Frikadeller**. Dann folgt Wurstaufschnitt, etwa mit dem typisch dänischen Rullepølser, Käse wie Danablu oder Havarti, und zum Schluss ein starker Kaffee. Ein eiskalter **Aquavit** oder ein Kräuterschnaps ist nach vielen der kräftigen dänischen Gerichte zur Verdauung anzuraten.

Feste und Feiern

Gesetzliche Feiertage

1. Januar (*Nytårsdag*, Neujahr), Gründonnerstag (*Skærtorsdag*), Karfreitag (*Langfredag*), Ostersonntag (*Påskedag*), Ostermontag (*2. Påskedag*), 4. Freitag nach Ostern (*Stor Bededag*, Buß- und Bettag), 6. Donnerstag nach Ostern (*Kristi Himmelfartsdag*, Christi Himmelfahrt), 5. Juni (*Grundlovsdag*/Verfassungstag), Pfingstsonntag (*Pinsedag*), Pfingstmontag (*2. Pinsedag*), 24. Dezember (*Jul*, Heiligabend), 25. Dezember (*Juledag*, 1. Weihnachtstag), 26. Dezember (*2. Juledag*, 2. Weihnachtstag), 1. Januar (*Nytårsaften*, Neujahr).

Feste

April

Kopenhagen: *Fødselsdags Parade* – Zum Geburtstag von Königin Margrethe II. defiliert die Palastwache vor Schloss Amalienborg (16. 4.).

Mai

Ribe: *Vikinger Marked* – bunter Wikingermarkt mit Demonstration alter Handwerks- und Zweikampftechniken (1. Wochenende).

Kopenhagen und **Aalborg:** Das ganze Jahr über bereiten sich die Jecken auf den heißesten **Karneval** des Nordens vor, der mit ausgelassenen Tänzen und exotischen Kostümen aufwartet. Seit seiner Wiederbelebung in den 80er-Jahren des 20. Jh. findet dieses Fest zu Pfingsten statt. Am Brunnen des Amagertorv in Kopenhagen versammeln sich dann die meisten der fantasievoll verkleideten *Narren* (Ende des Monats).

Juni

Im ganzen Land wird am *Sankt Hans Aften* mit Feuern und Feiern der längste Tag des Jahres begangen (23. Juni).

Frederikssund: *Vikinge Spil* (www.vikingespil.dk)– Vierwöchiges Wikingerspektakel, mit Open-Air Theater, traditionellem Essen und Trinken.

Juli

Rebild Bakker: *Rebild Fest* – Mehr als 10 000 Teilnehmer begehen jedes Jahr den US-amerikanischen Unabhängigkeitstag (4. Juli).

Weihnachtsstimmung und Punschseeligkeit herrschen beim Julemarket in Tønder

Sønderborg, **Aabenraa** (www.ringrider.dk) und andere Orte **Südjütlands**: *Ringriderfest* – Ringreiterspiele, bei denen Reiter versuchen, mit der Lanze im Galopp einen kleinen Ring aufzuspießen.

Juli

Horsens: *Middelalderfest* (www.middelalderfestival.dk) – Zwei Tage lang wird mit Ritterkämpfen, Minnesang, Gauklern und Gelage gefeiert (2. Monatshälfte).

September

Rømø: *Dragefestival* (www.dragefestival.dk) – Drei Tage lang steigen die schönsten Drachen in den windigen Himmel (Anfang September).

Dezember

Tønder: *Julemarket* (www.tonderjul.dk) – Einer der schönsten Weihnachtsmärkte Dänemarks (ab Mitte Nov. bis zum Wochenende vor Weihnachten).

Klima und Reisezeit

Dänemark hat mäßig warme Sommer und milde Winter. Im Sommer klettern die Temperaturen nur selten über 30°C, der kälteste Monat ist der Februar. Meist weht der Wind aus Westen, schnelle **Wetteränderungen** sind nicht selten. Die **Meerestemperaturen** betragen im Sommer 17–21°C. In der Ostsee ist es etwas wärmer als in der Nordsee.

Charakteristisch sind die **langen Tage** im Sommer, zwischen Mai und Anfang August. Am 1. Juli liegen zwischen Sonnenauf- und -untergang 17,5 Stunden.

Die Sommermonate sind die beliebteste **Reisezeit**, doch auch im Frühjahr und Herbst lassen sich viele an den Küsten den Wind um die Nase wehen. Ende des Jahres sind viele der beheizbaren Ferienhäuser ausgebucht, von Familien oder Gruppen, die Weihnachten und das Neue Jahr inmitten der Dünen feiern wollen.

Klimadaten Kopenhagen

Monat	Luft (°C) min./max.	Sonnen-std./Tag	Regen-tage
Januar	-2/ 2	3	17
Februar	-3/ 2	2	13
März	-1/ 5	3	12
April	3/11	5	13
Mai	8/16	9	11
Juni	11/20	14	13
Juli	14/22	16	14
August	14/21	16	14
September	11/18	14	15
Oktober	7/12	12	16
November	3/ 7	8	16
Dezember	1/ 4	5	17

Kultur live

Januar

Kopenhagen, **Århus**, **Aalborg** und **Odense:** *Nytårs Koncert* – Klassische Neujahrskonzerte in den großen Städten.

Juni

Silkeborg: *Riverboat Jazz Festival* (www.riverboat.dk) – Das Musikereignis zieht mehr als 25 000 Zuschauer an.

Skagen: *Skagen Festival* (www.skagenfestival.dk) – Internationale Bands spielen bei Dänemarks nördlichstem Folk- und Rockereignis.

Juni

Roskilde: *Roskilde Festival* (www.roskilde-festival.dk) – Das größte Rockereignis Nordeuropas lockt gut 70 000 Fans an (letztes Juniwochenende).

Juli

Århus: *International Jazz Festival* (www.jazzfest.dk) – Mitte des Monats versammeln sich Tausende Jazz-Fans aus ganz Europa in Århus.

August

Tønder: *Folkfestival* (www.tf.dk) – Großes Festival gegen Ende des Monats, nahe der deutschen Grenze.

Kopenhagen: *Copenhagen International Ballet* (www.kulturnatten.dk) – Beim Ballettfestival werden moderne Tanzdarbietungen gezeigt.

September

Århus: *Århus Festuge* – Zehn Tage dauert das Kulturfestival mit Rock, Jazz, Klassik, Theater und Tanz am Monatsanfang.

Oktober

Århus: *Took it* (www.aarhustookit.dk) – Das größte Hip-Hop-Festival Nordeuropas Anfang des Monats.

Kopenhagen: *Kulturnat* – Zur ›Kulturnacht‹ am 2. Freitag des Monats öffnen Museen, Galerien und Theater bis Mitternacht und zeigen ihre Ausstellungen und ein kulturelles Zusatzprogramm.

Nachtleben

Dänemark ist sicher nicht das Land mit dem aufregendsten Nachtleben Europas. Dennoch, vor allem in Kopenhagen und Århus gibt es gute Jazzclubs, Bars und Diskotheken. Während der Sommersaison öffnen auch in den Urlaubsgebieten zahlreiche Musikkneipen mit Disko- oder Livemusik.

Sport

Angeln

An Flüssen und Seen, in Fjorden oder von Kuttern aus in der Ost- oder der Nordsee finden Angler in Dänemark reiche Beute. Die *Gudenå* gehört zu den besten Lachsflüssen Europas. Die Gründe vor *Middelfart*, einem Ort im Westen von Fyn, sind bekannt für ihre Hornhechte, beim sog. *Gelben Riff* vor Hanstholm (Thy) werden kapitale Dorsche aus der Nordsee gezogen. Vorraussetzung ist in der Regel ein **Angelschein** (*Angelkort*), den man beim örtlichen Touristenbüro, aber auch in Postämtern und in vielen Geschäften kaufen kann. Wer unter 18 oder über 67 Jahre alt ist, braucht keinen Angelschein für das Fischen. Einzelne Touristenregionen geben spezielle Angelführer heraus.

Einen ausführlichen Überblick gibt die kostenlose, umfangreiche Broschüre ›Angelurlaub Magazin Dänemark‹ in deutscher Sprache, die man kostenfrei vom Dänischen Fremdenverkehrsamt [s. S. 125] erhält.

Golf

Dänemark hat bei Golfern einen guten Ruf. Deutlich mehr als 100 Klubs unterhalten Anlagen in abwechslungsreicher Landschaft. Die meisten von ihnen lassen Gäste ausländischer Golfklubs gegen Gebühr auf ihre Fairways. Wichtig ist, die eigene Mitgliedskarte nicht zu vergessen. Die Greenfees betragen etwa 20–60 € pro Tag.

Die örtlichen Fremdenverkehrsbüros bieten Informationen über Golfplätze in der Nähe. aktueller Guide namens ›*Golfurlaub in Dänemark*‹ in deutscher Sprache ist kostenlos erhältlich beim Dänischen Fremdenverkehrsamt.

Treiben und Putten auf dem üppig grünen Golfplatz bei Stege auf der Insel Møn

Am weiten Strand von Dueodde können alle nach ihrer Fasson glücklich werden, doch eigentlich ist Sandburgenbauen in Dänemark verpönt

Wer glaubt, schon überall eingeputtet zu haben, sollte im April zu den **World Ice Golf Championships** auf Uummannaq vor der grönländischen Westküste fahren. Dort wird der Kurs jährlich neu festgelegt, je nachdem, wie die Gletscher ihre Eismassen in Richtung Meer schieben.

Kanufahren

Die **Gudenå** in Mitteljütland kann man von Tørring unweit der Silkeborg-Seen etwa 150 km durch eine harmonische Landschaft bis zum Randers Fjord befahren. Der längste Fluss Seelands, die **Suså** ist zwischen Næsby Bro durch den schönen Naturpark um die Tystrup-Bavelse-Seen bis zur Mündung bei Næstved befahrbar. Die **Skjern Å**, ein besonders wasserreicher jütischer Fluss, schlängelt sich 72 km von Vester Mølle Dambrug am Rørbæk-See in den Ringkøbing Fjord. Beim Touristenbüro vor Ort sollte man sich nach Fahrmöglichkeiten und etwaigen Einschränkungen erkundigen. Wer kein eigenes Kanu dabei hat, kann an den Flüssen ab etwa 25 € pro Tag eines mieten.

Radfahren

Von Mai bis September sind in Dänemark Tausende auf Fahrrädern unterwegs. Häufig in Gruppen, radeln sie auf gut ausgebauten Fahrradwegen durch die flache oder sanft hügelige Natur. Das größte Hindernis ist gelegentlich der Wind, wenn er steif von Westen weht. Zehn nationale **Fahrradrouten** ohne Autoverkehr mit insgesamt 3500 km Länge durchziehen das ganze Land, von einer ›Südseeroute‹ durch geruhsame Städte im südfünischen Inselmeer oder einem ›Trip rund um Bornholm‹ bis zur langen ›Westküstenroute‹ von Rudbøl an der deutschen Grenze bis nach Skagen. Alle sind mit einem Fahrradsymbol auf blauem Grund ausgeschildert. Hinzu kommen etwa 7000 km regionale und lokale Routen. Verbindungen mit deutschen Fahrradwegen bestehen bereits entlang des historischen Heer- und Ochsenweges zwischen Viborg und Schleswig-Holstein. Das informative ›Dänemark Radurlaub Magazin‹ in deutscher Sprache ist beim Dänischen Fremdenverkehrsamt erhältlich. Weitere Informationen gibt der **Dansk Cyklist Forbund** auf seiner Homepage www.dcf.dk.

Reiten

Vielerorts, vor allem in **Jütland** und auf **Seeland** ist ein Reiturlaub möglich. Das Angebot reicht von Islandponys bis zu ausgewachsenen Spring- oder Dressurpferden. Wer schon immer entlang der Wasserlinie über den Strand reiten wollte, findet bereits kurz hinter der Grenze auf **Rømø** sein Urlaubsparadies.

Schwimmen

Wasser ist genug da, auch wenn es keine tropischen Temperaturen hat, und auch Strände gibt es reichlich, feinsandig, mit Kieselsteinen durchsetzt oder grasbewachsen. Insgesamt 5000 km der dänischen Küste eignen sich zum Baden und Schwimmen. Selbst in der Hochsaison kann man abseits der Touristenzentren noch mit der Natur allein sein. Die Wasserqualität wird laufend kontrolliert, insgesamt 205 **blaue Flaggen** weisen auf den überwiegend guten Zustand von Strand und Wasser hin. An den Stränden herrscht eine entspannte Atmosphäre, für beiderlei Geschlecht wird in der Regel eine **Badehose** als ausreichend angesehen. Vollständig hüllenlos wird allerdings nur an wenigen FKK-Stränden oder einsameren Küstenabschnitten gebadet.

An einigen Stellen, etwa bei Kandestederne südlich von Skagen, zwischen Blokhus und Løkken an der Jammerbucht, bei Tversted, bei Vejers, auf Fanø oder Rømø dürfen **Pkws** die breiten und flachen Strände entlang fahren.

Hunde müssen zwischen 1. April und 30. September an den Stränden an der Leine geführt werden.

Segeln

Die Fjorde, Sunde und Belte des Kattegat und der Ostseeküsten sind ein ideales Segelrevier. **Anfänger** und erfahrene Segler kommen beim Kreuzen in der dänischen Südsee auf ihre Kosten. Dort warten mehr als 500 Marinas und idyllische Häfen auf Freizeitkapitäne. **Könner** segeln gern nach Norden zur Insel *Anholt*, sagen der Spitze Dänemarks bei *Skagen* guten Tag oder steuern die Insel *Bornholm* im Osten an.

An der deutschen Ostseeküste oder in Dänemark kann man Boote mit und ohne Skipper mieten. Die **Liegeplatzgebühr** in den Häfen beginnt bei 10 € pro Nacht. Das Tragen von **Schwimmwesten** ist Pflicht. In dänischen Gewässern ist ein **Segelschein** oder **Bootsführerschein** jedoch nicht nötig.

Windsurfen

In Dänemark müssen Surfer nicht auf den Wind warten, er wartet auf sie. Die besten Surfreviere auch für Könner befinden sich entlang der langen **Nordseeküste** von Jütland, bis hinauf nach Gammel Skagen, wo regelmäßig internationale Turniere ausgesegelt werden. Aber auch die vor der offenen Brandung geschützten Strandseen wie am **Ringkøbing Fjord** oder die Wasserflächen des **Limfjord** sind ebenso wie das **Kattegat** vor der Küste Nordseelands bei Windsurfern beliebt. Leihausrüstung gibt es ab etwa 300 DKK am Tag, während des Sommers haben entlang der Küsten rund drei Dutzend Surfschulen geöffnet.

Paraglider und Müßiggänger auf der Rubjerg Knude-Wanderdüne

Statistik

Lage: Dänemark ist das südlichste und kleinste der skandinavischen Länder. Es umfasst, ohne die halbautonomen atlantischen Gebiete *Färöer-Inseln* und *Grönland* 43 094 km², etwa soviel wie die Schweiz. Die Luftlinie zwischen dem nördlichsten Punkt bei Skagen und dem südlichsten auf Gedser beträgt 356 km, vom westlichen Esbjerg bis nach Kopenhagen sind es 301 km, Bornholm liegt weitere 150 km östlich. Die Halbinsel Jütland teilt mit dem deutschen Bundesland Schleswig-Holstein eine 69 km lange Grenze. Zum dänischen Königreich gehören mehr als 400 Inseln, von denen weniger als ein Viertel bewohnt ist. Mit *Rømø*, *Fanø* und *Mandø* liegen nur drei von ihnen vor der Westküste in der Nordsee, der Rest befindet sich zwischen Jütland und Südschweden in der Ostsee. Seeland ist mit 7104 km² die größte Insel Dänemarks. Die Gesamtlänge aller Küsten beträgt etwa 7300 km. Berge findet man in Dänemark nicht, die höchste Erhebung, der *Møllehøj*, misst 170 m.

Bevölkerung: In Dänemark leben 5,40 Mio. Menschen. Knapp 96% sind dänischer Herkunft, 0,4 % kommen aus anderen skandinavischen Ländern, daneben gibt es, vor allem nahe der deutschen Grenze, eine deutschsprachige Minderheit sowie Gruppen von vorwiegend nicht-EU-Europäern, Afrikanern und Asiaten. Hauptstadt und gleichzeitig größte Stadt des Landes ist Kopenhagen mit 1 364 000 Einwohnern (inkl. Randgemeinden). Es folgen Århus mit 264 000, Odense mit 177 000 sowie Aalborg mit 155 000 Einwohnern. Dänemarks Bevölkerungsdichte beträgt durchschnittlich 120 Personen/km².

Religion: Rund 88% der Bevölkerung gehören der evangelisch-lutherischen Staatskirche (*Folkekirke*) an. Der Anteil anderer christlicher Gruppen beträgt 1,7%, Muslime machen 1,5% aus, fast jeder Zehnte gibt keine Glaubenszugehörigkeit an.

Verwaltung: Das *Kongeriget Danmark* ist eine konstitutionelle Erbmonarchie mit einem Ein-Kammer-Parlament aus 179 Abgeordneten, dem *Folketing*, das alle vier Jahre neu gewählt wird. 1849 wurde die absolutistische Herrschaft des Königs aufgehoben. Staatsoberhaupt ist seit 1972 Königin Margrethe II.

Der Staat ist in 14 Kreisgemeinden, *Amtskommuner*, eingeteilt, diese in 275 Gemeinden, die *Primærkommuner*. Auf beiden Ebenen werden Abgeordnete in den Kreistag bzw. in den Gemeinderat gewählt.

Dänemark gehört der EU an und ist aktiv in der NATO vertreten mit einer Armee von 32 900 Männern und Frauen. Der dänische Staat ist Mitglied des Europarates und der UNO.

Wirtschaft: Dänemark produziert und exportiert vor allem Nahrungsmittel, Maschinen, Elektronik, Möbel und chemische Produkte. Kopenhagen, der mit Abstand wichtigste Gewerbestandort, verfügt über Getränkeindustrie, Werften, Reedereien, Banken und Versicherungen, Chemieindustrie, Elektronik und Kommunikationstechnik.

Dänemark besitzt fast keine Rohstoffe, lediglich im Festlandssockel der Nordsee vor der dänischen Westküste werden Erdöl und Erdgas gefördert. Diese Vorkommen decken zusammen mit den vor allem auf dem flachen Land unübersehbaren Windenergieanlagen 90% des gesamten Energiebedarfs Dänemarks.

Etwa 62% des Landes wird landwirtschaftlich genutzt. Milch- und Fleischprodukte machen den größten Exportanteil im Agrarbereich aus. Eine bedeutende Rolle spielt auch die Fischerei, vor allem an der Nordsee. Im Dienstleistungsbereich sind etwa 66% der Beschäftigten tätig, in der Industrie 28%, der Rest u. a. in der Landwirtschaft.

Der hohe Lebensstandard mit weit verzweigter Infrastruktur, mit kostenfreiem Gesundheits-, Bildungs- und Rentensystem auf bedeutendem Niveau hat seinen Preis in relativ hohen Steuern auf Einkommen und Verbrauchsgütern. Die Arbeitslosenquote beträgt ca. 3,5%, das Bruttoinlandsprodukt pro Kopf 42 700 € (2007).

Unterkunft

Bed & Breakfast

Besonders in den Feriengebieten vermitteln die örtlichen Touristenbüros Privatunterkünfte. Häufig weist auch ein einfaches, von Hand gemaltes Schild ›Zimmer‹, ›Rooms‹ oder ›Værelse‹ am Straßenrand den Weg zu derlei günstigen Unterkunftsmöglichkeiten. **Info:**

Dansk Bed & Breakfast, Sankt Peders Stræde 41, 1453 Kopenhagen, Tel. 39 61 04 05, Fax 39 61 05 25, www.bbdk.dk.

Camping

Mehr als 520 Campingplätze warten an den Küsten und im Binnenland auf Gäste. Wildes Campen ist in Dänemark nicht erlaubt. Der jährlich erscheinende **ADAC Camping-Caravaning-Führer** – auch als CD-ROM – gibt Auskunft über Ausstattung und Preise.

Ein Sonderprospekt des dänischen Campingplatzverbandes listet seine Plätze mitsamt einer Übersichtskarte auf. **Info:**

Campingrådet, Mosedalvej 15, 2500 Valby, Tel. 39 27 88 44, Fax 39 27 80 44, www.daenischecampingplaetze.de.

Ferienhäuser und Ferienwohnungen

Mehr als 50 000 private Ferienhäuser, dazu Ferienwohnungen in häufig geschmackvollen Anlagen mit großem Freizeit- und Sportangebot, werden direkt oder über Reise- und Vermittlungsbüros in Deutschland und Dänemark vermietet. Auch die örtlichen Touristenbüros vermitteln häufig Unterkünfte. Die Preise schwanken stark, je nach Lage, Ausstattung und Saison. Absolute Hochsaison ist während der Sommerferien und in der Woche zwischen Weihnachten und Neujahr.

Die größten Ferienhausvermieter mit jeweils telefonbuchschweren Katalogen sind **Novasol**, Gotenstr. 11, 20097 Hamburg, Tel. 040/23 88 59 82, www.novasol.de, **Dansommer**, Voldbjergvej 16, DK-8240 Risskov, Tel. 86 17 61 22, www.dansommer.de, sowie **DanCenter**, Spitalerstr. 16, 20095 Hamburg, Tel. 040 / 3 09 70 30, www.dancenter.com. Über die Homepage von spezialisierten Agenturen wie **www.sonneundstrand.de** (Tel. 04 61/144 20 20) oder auch **www.skandinavienurlaub.de** kann man sich über verschiedene Angebote mehrerer Anbieter informieren und Ferienhäuser gleich online buchen.

In einem ›Kro‹, einem dänischen Gasthof, darf man gepflegte Gastlichkeit erwarten

Ferienhäuser auf der Ferieninsel Bornholm vermittelt: **Bornholms Sommerhus Udlejning** (vor allem im Inselnorden), Sverigesvej 2, Postboks 39, 3770 Allinge, Tel. 56 48 05 70, Fax 56 48 04 70, www.bsu.dk.

Hotels

In Dänemark gibt es mehr als 1000 Hotels verschiedener Größe und Ausstattung. Der **Danmarks Turistråd** (Dänischer Fremdenverkehrsrat), Islandsbrygge 43 (3. Etage), 2300 København S, Tel. 33 88 99 00, Fax 32 88 99 01, www.visitdenmark.com, gibt jährlich eine Gesamtübersicht der dänischen Hotels heraus, klassifiziert nach Sternen, die der dänische Hotelverband Horesta zuteilt, www.danishhotels.dk.

Jugendherbergen

Etwa 100 **Danhostels**, Jugend- und Familienherbergen, stehen im ganzen Land zur Verfügung. Auch wenn sie häufig **Vandrerhjem**, Wandererheim, genannt werden, kann man mit dem Fahrrad oder Auto anreisen. Voraussetzung für die Aufnahme ist ein gültiger Jugendherbergsausweis. Diesen kann man unabhängig vom Alter in jedem Danhostel erwerben. Auskünfte erhält man bei **Danhostel – Danmarks Vandrerhjem**, Vesterbrogade 39, 1620 København V, Tel. 33 31 36 12, Fax 33 31 35 26, www.danhostel.dk.

Landgasthöfe

Die sog. **Kros** sind etwas typisch Dänisches. Ihre Tradition geht auf Gasthäuser zurück, die einst der König lizensierte, Übernachtungen entlang der Fernstraßen anzubieten, Bier zu brauen und Schnaps zu brennen. Etwa 300 von ihnen stehen noch immer an den Kreuzungen der früheren Verkehrswege. Der Verband **Danske Kroer og Hoteller**, Vejlevej 16, 8700 Horsens, Tel. 75 64 87 00, Fax 75 64 87 20, www.dansk-kroferie.dk, gibt jährlich eine Übersicht heraus.

Schlösser

Wer sein Haupt in adligen Gemächern betten will, kann dies in zwei Dutzend Schlössern und Herrensitzen tun, die einige stilvolle Zimmer für Gäste bereithalten. Informationen gibt es bei:

Danske Slotte & Herregaarde, Frederiksberggade 2.1, 1459 Kopenhagen, Tel. 86 60 38 44, Fax 86 60 38 31, www.slotte-herregaarde.dk.

Verkehrsmittel im Land

Bahn/Bus

Zwischen den größeren Städten Dänemarks verkehren Busse und Bahnen im Stundentakt. Über lokale Verbindungen erteilen die Touristenbüros Auskunft.

Flugzeug

Mit Anschlussflügen lassen sich von Kopenhagen aus Århus, Aalborg, Billund, Esbjerg, Odense, Rønne sowie einige kleinere dänische Städte erreichen.

Mietwagen

In Kopenhagen sind alle internationalen und diverse Regionalanbieter mit ihrer Fahrzeugflotte präsent. Auch in mittelgroßen Städten und in vielen Ferienzentren lassen sich Pkws anmieten. Für Mitglieder bietet die **ADAC Autovermietung GmbH** günstige Konditionen. Buchungen über die ADAC-Geschäftsstellen oder unter Tel. 018 05/31 81 81 (0,14 €/Min).

Schiff

Auch wenn mehr und mehr Brücken die Inseln verbinden und nun sogar eine feste Querung des Fehmarnbelt geplant ist, bleibt Dänemark ein Land der Fähren. Die einzelnen Fährstrecken sind bei den jeweiligen Orten im Haupttext aufgeführt.

Sprachführer

Dänisch für die Reise

Das Wichtigste in Kürze

Ja/Nein	*Ja/Nej*
Bitte/Danke	*Værsgod/Tak*
In Ordnung!	*I orden!*
Entschuldigung!	*Undskyld!*
Wie bitte?	*Hvad behager?*
Ich verstehe Sie nicht.	*Jeg forstår dig ikke.*
Ich spreche nur wenig Dänisch.	*Jeg taler kun lidt dansk.*
Können Sie mir bitte helfen?	*Kan du være så venlig at hjælpe mig?*
Das gefällt mir (nicht).	*Det kan jeg godt/ ikke lide.*
Ich möchte ...	*Jeg vil gerne have ...*
Gibt es ...?	*Findes der ...?*
Wie viel kostet ...?	*Hvor meget koster ...?*
Kann ich mit Kreditkarte bezahlen?	*Kan jeg betale med kreditkort?*
Wie viel Uhr ist es?	*Hvad er klokken?*
Guten Morgen!	*God morgen!*
Guten Tag!	*Goddag!*
Guten Abend!	*God aften!*
Gute Nacht!	*God nat!*
Hallo!/Grüß dich!	*Hej!*
Wie ist Ihr Name?	*Hvad hedder du?*
Mein Name ist ...	*Jeg hedder ...*
Auf Wiedersehen!	*Farvel!*
Tschüs!	*Hej, hej!*
Bis bald!	*Vi ses!*
gestern/heute/morgen	*i går/i dag/i morgen*
am Vormittag/ am Nachmittag	*om formiddagen/ om eftermiddagen*
am Abend/ in der Nacht	*om aftenen/ om natten*
um 1 Uhr/ um 2 Uhr ...	*klokken 1/ klokken 2 ...*
um Viertel vor (nach) ...	*kvart i (over) ...*
um ... Uhr 30	*halv ...*
Minute(n)/Stunde(n)	*minut(ter)/time(r)*
Tag(e)/Woche(n)	*dag(e)/uge(r)*
Monat(e)/Jahr(e)	*måned(er)/år*

Zahlen

0	*nul*	19	*nitten*
1	*en*	20	*tyve*
2	*to*	21	*enogtyve*
3	*tre*	22	*toogtyve*
4	*fire*	30	*tredive*
5	*fem*	40	*fyrre*
6	*seks*	50	*halvtreds*
7	*syv*	60	*tres*
8	*otte*	70	*halvfjerds*
9	*ni*	80	*firs*
10	*ti*	90	*halvfems*
11	*elleve*	100	*hundrede*
12	*tolv*	200	*tohundrede*
13	*tretten*	1 000	*tusind*
14	*fjorten*	2 000	*totusind*
15	*femten*	10 000	*titusind*
16	*seksten*	100 000	*hundredtusind*
17	*sytten*	1/2	*en halv*
18	*atten*	1/4	*en kvart*

Wochentage

Montag	*mandag*
Dienstag	*tirsdag*
Mittwoch	*onsdag*
Donnerstag	*torsdag*
Freitag	*fredag*
Samstag	*lørdag*
Sonntag	*søndag*

Monate

Januar	*januar*
Februar	*februar*
März	*marts*
April	*april*
Mai	*maj*
Juni	*juni*
Juli	*juli*
August	*august*
September	*september*
Oktober	*oktober*
November	*november*
Dezember	*december*

Maße

Kilometer	*kilometer*
Meter	*meter*
Zentimeter	*centimeter*
Kilogramm	*kilo*
Pfund	*halvt kilo*
Gramm	*gram*
Liter	*liter*

Unterwegs

Nord/Süd/West/Ost	*nord/syd/vest/øst*
oben/unten	*oppe/nede*
geöffnet/geschlossen	*åben/lukket*
geradeaus/links/ rechts/zurück	*ligeud/venstre/ højre/tilbage*
nah/weit	*ikke langt/langt*
Wie weit ist ...?	*Hvor langt er der til ...?*

Wo sind die Toiletten?	*Hvor er toiletterne?*
Wo ist die (der) nächste Telefonzelle/ Post/Bank/ Geldautomat/ Polizei?	*Hvor er den nærmeste telefonboks/ post/bank/ pengeautomat/ politistation?*
Bitte, wo ist ... der Hauptbahnhof/ der Busbahnhof/ die Bushaltestelle/ die Tramstation/ der Flughafen?	*Undskyld, hvor er hovedbanegården/ rutebilstationen/ busstoppestedet/ sporvogns-stoppestedet/ lufthavnen?*
Wo finde ich ... eine Apotheke/ eine Bäckerei/ Fotoartikel/ ein Kaufhaus/ den Markt?	*Hvor finder jeg ... et apotek/ et bageri/ fotoartikler/ et varehus/ markedet?*
Ist das der Weg/ die Straße nach ...?	*Er dette vejen til/ vejen til ...?*
Ich möchte mit ... dem Bus/ der Tram/ dem Schiff/ der Fähre/ dem Zug/ dem Flugzeug nach ... fahren.	*Jeg vil gerne ... køre med bussen/ køre med sporvognen/ sejle med skibet/ sejle med færgen/ køre med toget/ flyve til ...*
Gilt dieser Preis für Hin- und Rückfahrt?	*Gælder denne pris tur/retur?*
Wie lange gilt das Ticket?	*Hvor længe er billetten gyldig?*
Wo finde ich ... das Fremden-verkehrsamt/ ein Reisebüro?	*Hvor kann jeg finde ... turistkontoret/ et rejsebureau?*
Ich benötige eine Hotelunterkunft.	*Jeg har brug for et hoteværelse.*
Wo kann ich mein Gepäck lassen?	*Hvor kan jeg anbringe min bagage?*

Zoll, Polizei

Ich habe etwas (nichts) zu verzollen.	*Jeg skal (ikke) fortolde noget.*
Ich habe nur persönliche Dinge.	*Jeg har kun mine personlige ejendele.*
Hier ist mein(e) ... Geld/Pass/ Personalausweis/ Kfz-Schein/ Versicherungskarte	*Her er ... mine penge/mit pas/ mit ID-kort/ mine bilpapirer/ mine forsikrings-papirer.*
Ich fahre nach ... und bleibe ... Tage/ Wochen.	*Jeg kører til ... og skal blive ... dage/ uger.*
Ich möchte eine Anzeige erstatten.	*Jeg vil gerne anmelde noget.*
Man hat mir Geld/... die Tasche/ die Papiere/ den Fotoapparat/ den Koffer/ das Fahrrad gestohlen.	*Mine penge min taske/ mine dokumenter/ mit fotoapparat/ min kuffert/ min cykel er blevet stjålen.*
Verständigen Sie bitte das Deutsche Konsulat	*Kan de venligst underrette det tyske konsulat.*

Freizeit

Ich möchte ein ... Fahrrad/ Mountainbike/ Motorrad/ Surfbrett/ Pferd mieten.	*Jeg vil gerne leje en cykel/ et mountainbike/ en motorcykel/ et surfbræt/ en hest.*
Gibt es ein(en) ... Freizeitpark/ Freibad/ Golfplatz in der Nähe?	*Findes der ... en forlystelsespark/ et friluftsbad/ en golfbane i nærheden?*
Wo ist die (der) nächste Bademöglichkeit/ Strand?	*Hvor er den nærmeste bademulighed/ strand?*
Wann hat .... geöffnet?	*Hvornår er ... åben?*

Hinweise zur Aussprache

a	›a‹ oder ›ä‹
å	offenes ›o‹, z. B. **å**ben
ag	›au‹ (vor Mitlaut), z. B. l**ag**kage ›äj‹ (vor Selbstlaut), z. B. tilb**age** ›ää‹ (am Wortende), z. B. godd**ag**
av	›au‹, z. B. n**av**n
æ	›ä‹, z. B. hj**æ**lp
d	meist wie engl. ›th‹, z. B. go**d** stumm nach ›g‹, ›l‹ oder ›n‹
c	›ss‹ (vor e, i y, æ, ø), z. B. **c**ykel ›k‹ (vor o, u, å), z. B. **c**amping
eg, ej, ig	›ei‹, z. B. m**ig**
eu, ev, æv	›ä-u‹ (getrennt), z. B. lig**eu**d
g	›w‹ (nach o, u. å), z. B. vo**g**n ›j‹ (nach a, e, i, y, æ, æ), z. B. ka**g**e stumm vor ›l‹, z. B. fu**g**le
iv	›iu‹ (zusammengezogen)
k	›g‹, z. B. i**kk**e
ø	›ö‹, z. B. sm**ø**rrebr**ø**d
øj, øg	›oi‹, z. B. h**øj**re
ov, og	›ou‹, z. B. **ov**er, t**og**et
p	›b‹, z. B. a**pp**elsin
t	›d‹, z. B. kan**t**arel
y	›ü‹, z. B. unsk**y**ld
yv	›üu‹ (zusammengezogen)
v	›w‹, z. B. **v**il

Bank, Post, Telefon

Ich möchte Geld wechseln.	*Jeg vil gerne veksle penge.*
Brauchen Sie meinen Ausweis?	*Har de brug for mit pas?*
Ich möchte eine Telefonverbindung nach ...	*Jeg vil gerne have en telefonsamtale til ...*
Wo gibt es ... Telefonkarten/ Briefmarken?	*Hvor findes der ... telefonkort/ frimærker?*

Tankstelle

Wo ist die nächste Tankstelle?	*Hvor er den nærmeste tankstation?*
Ich möchte ...	*Jeg vil gerne have ...*
Liter ...	*liter ...*
Benzin/Super/	*benzin/super/*
Diesel/	*diesel/*
bleifrei/verbleit.	*blyfri/blyholdig.*
Volltanken, bitte.	*Vær venlig at fylde tanken op!.*
Bitte prüfen Sie ...	*Kan du være så venlig at checke ...*
den Reifendruck/	*dæktrykket/*
den Ölstand/	*oliestanden/*
den Wasserstand/	*vandstanden/*
das Wasser für die Scheibenwischanlage/	*vandet til rudevisker-anlægget/*
die Batterie.	*batteriet.*
Würden Sie bitte ...	*Vil du være så venlig ...*
das Öl wechseln /	*at skifte olien/*
das Rad wechseln /	*at skifte hjulet/*
die Sicherung austauschen/	*at bytte sikringen/*
die Zündkerzen erneuern/	*at indsætte nye tændrør/*
die Zündung nachstellen?	*at justere tændrørene?*

Panne

Ich habe eine Panne.	*Jeg har motorstop.*
Der Motor startet nicht.	*Motoren starter ikke.*
Ich habe die Schlüssel im Wagen gelassen.	*Jeg har efterladt nøglerne i bilen.*
Ich habe kein Benzin	*Jeg er løbet tør for benzin.*
Gibt es hier in der Nähe eine Werkstatt?	*Findes der et værksted i nærheden?*
Können Sie meinen Wagen abschleppen?	*Kan du tage min bil på slæb?*
Können Sie mir einen Abschleppwagen schicken?	*Kan du sende mig en bugseringsvogn?*
Können Sie den Wagen reparieren?	*Kan du reparere bilen?*
Bis wann?	*Til hvornår?*

Mietwagen

Ich möchte ein Auto mieten.	*Jeg vil gerne leje en bil.*
Was kostet die Miete ...	*Hvad koster lejen ...*
pro Tag/	*pr. [per] dag/*
pro Woche/	*pr. [per] uge/*
mit unbegrenzter km-Zahl/	*med ubegrænset km-tal/*
mit Kaskoversiche-rung/	*med kaskoforsik-ring/*
mit Kaution?	*med depositum?*
Wo kann ich den Wagen zurückgeben?	*Hvor kann jeg tilbagelevere bilen?*

Unfall

Hilfe!	*Hjælp!*
Achtung!/ Vorsicht!	*Pas på!*
Rufen Sie schnell ...	*Kald hurtig ...*
einen Krankenwagen/	*en ambulance/*
die Polizei/	*politiet/*
die Feuerwehr.	*brandvæsenet.*
Es war (nicht) meine Schuld.	*Det var (ikke) min skyld.*
Geben Sie mir bitte Ihren Namen und Ihre Adresse.	*Venligst giv mig dit navn og din adresse.*
Ich brauche die Angaben zu Ihrer Autoversicherung.	*Jeg har brug for oplysningerne om din bilforsikring.*

Krankheit

Können Sie mir einen Arzt/Zahnarzt empfehlen, der Deutsch spricht?	*Kann du anbefale mig en god læge/ tandlæge, der taler tysk?*
Wo ist die nächste Apotheke?	*Hvor ligger det nærmeste apotek?*
Ich brauche ein Mittel	*Jeg har brug for noget*
gegen ...	*mod ...*
Durchfall/	*diarré/*
Halsschmerzen/	*halssmerter/*
Fieber/	*feber/*
Verstopfung/	*forstoppelse/*
Zahnschmerzen.	*tandsmerter.*

Im Hotel

Können Sie mir ein Hotel/ eine Pen-sion empfehlen?	*Kan du anbefale mig et hotel/ en pension?*
Ich habe bei Ihnen ein Zimmer reserviert.	*Jeg har reserveret et værelse hos dig.*
Haben Sie ...	*Har du ...*
ein Einzelzimmer/	*et enkeltværelse/*
ein Doppelzimmer ...	*et dobbeltværelse/*
mit Bad/Dusche	*med bad/bruser/*
für eine Nacht/	*for en nat/*
für eine Woche?	*for en uge?*

Was kostet das Zimmer mit Frühstück/ mit Halbpension/ mit Vollpension?	*Hvad koster værelset med morgenmad/ med halvpension/ med fuldpension?*
Wie lange gibt es Frühstück?	*Hvor længe kan man få morgenmad?*
Ich möchte um ... Uhr geweckt werden.	*Jeg vil gerne blive vækket klokken ...*
Ich reise heute Abend/ morgen früh ab.	*Jeg afrejser i aften/ i morgen tidlig.*
Haben Sie ein Faxgerät/ einen Hotelsafe?	*Har du en faxmaskine/ en hotelsafe?*

Im Restaurant

Wo finde ich ein gutes/ ein günstiges Restaurant.	*Hvor finder jeg en god/ en billig restaurant?*
Die Speisekarte/ Getränkekarte, bitte.	*Må jeg bede om spisekortet/vinkortet.*
Welches Gericht können Sie besonders empfehlen?	*Hvilken ret vil du anbefale?*
Ich möchte das Tagesgericht/ Menü (zu ...)	*Jeg vil gerne have dagens ret/ menuen (til ...)*
Ich möchte nur eine Kleinigkeit essen.	*Jeg vil kun spise en lille ret.*
Haben Sie ... vegetarische Gerichte/ offenen Wein/ alkoholfreie Getränke/ Mineralwasser mit/ ohne Kohlensäure?	*Har I ... vegetariske retter/ åben vin/ softdrinks/ danskvand med/ uden brus?*
Kann ich bitte ... ein Messer/ eine Gabel/ einen Löffel haben?	*Må jeg bede om en kniv/ en gaffel/ en ske?*
Darf man rauchen?	*Er det tilladt at ryge?*
Die Rechnung, bitte/ Bezahlen, bitte!	*Kan jeg få regningen/ Jeg vil gerne betale!*

Essen und Trinken

Apfel	*æble*
Austern	*østers*
Barsch	*aborre*
Bier	*øl*
Birne	*pære*
Braten	*steg*
Brot/Brötchen	*brød/rundstykke*
Butter	*smør*
Ei	*æg*
Eiscreme	*is*
Erdbeere	*jordbær*
Essig	*eddike*
Fisch	*fisk*
Flasche	*flaske*
Fleisch	*kød*
Fruchtsaft	*frugtsaft*
Frühstück	*morgenmad*
Geflügel	*fjerkræ*
Gemüse	*grønsager*
Glas	*glas*
Gurke	*agurk*
Heilbutt	*helleflynder*
Himbeere	*hindbær*
Hörnchen	*horn*
Huhn	*kylling*
Kaffee, schwarz	*kaffe, sort*
Kaffee mit Milch	*kaffe med mælk*
Kalb	*kalv*
Kartoffeln	*kartofler*
Käse	*ost*
Kirschen	*kirsebær*
Krabben	*rejer*
Lachs	*laks*
Meeresfrüchte	*alt godt fra havet*
Milch	*mælk*
Muscheln	*muslinger*
Nachspeisen	*dessert*
Öl	*olie*
Pfeffer	*peber*
Pflaumen	*blommer*
Pilze	*svampe*
Reis	*ris*
Rindfleisch	*oksekød*
Salat	*salat*
Salz	*salt*
Schinken	*skinke*
Scholle	*rødspætte*
Schweinefleisch	*svinekød*
Stockfisch	*stokfisk*
Suppe	*suppe*
Süßigkeiten	*slik*
Tee	*te*
Tintenfisch	*blæksprutte*
Vorspeisen	*forretter*
Wein	*vin*
Weißwein	*hvidvin*
Rotwein	*rødvin*
Roséwein	*rosévin*
Weintrauben	*vindruer*
Zucker	*sukker*

Besondere Hinweise

In Dänemark gebraucht man im Allgemeinen bei der Anrede das ›du‹.

Im Dänischen gibt es drei Sonderzeichen, Æ/æ, Ø/ø und Å/å, die in dieser Reihenfolge am Ende des Alphabets stehen. Das Å/å löste 1948 im Rahmen einer Rechtschreibreform das Aa/aa ab, doch ist die Schreibung nach wie vor uneinheitlich. So findet man z. B. die Ortsnamen Aarhus ebenso wie Århus, oder Aabenraa statt Åbenrå. Im Internet findet man Suchbegriffe mit den Sonderzeichen meist, wenn man stattdessen AE, OE und AA eingibt.

Register

L

M

N

O

P

R

S

Impressum

Redaktionsleitung: Dr. Dagmar Walden
Lektorat, Bildredaktion: Elisabeth Schnurrer
Aktualisierung: Kirsten Winkler
Karten: Computerkartographie Carrle, München
Herstellung: Martina Baur
Druck, Bindung: Stürtz GmbH, Würzburg
Printed in Germany

Ansprechpartner für den Anzeigenverkauf:
Kommunalverlag GmbH & Co KG,
MediaCenterMünchen, Tel. 089/92 80 96 44

ISBN 978-3-89905-438-5
ISBN 978-3-89905-326-5 Reiseführer Plus

Gedruckt auf chlorfrei gebleichtem Papier

Neu bearbeitete Auflage 2008

Bildnachweis

Umschlag-Vorderseite: Am Kopenhagener Nyhavn. Foto: Herzig Fotodesign, Gross-Gerau
Umschlag-Vorderseite Reiseführer Plus: Ein beliebtes Ziel für Segler ist die Insel Christiansø vor Bornholm. Foto: Bildagentur Huber, Garmisch-Partenkirchen (R. Schmid)

Titelseite
Oben: Knud Pedersen vor seinem Sneglehuset im jütischen Thyborön. Foto: Look, München (M. Galli)
Mitte: Kopenhagens Radhuspladsen, geprägt von nordischer Backsteinarchitektur (von S. 18)
Unten: Symphonie in Gelb: Rapsfelder auf Fünen (von S. 66 oben)

AKG, Berlin: 12, 13, 14, 15 oben, 21 oben, 29 unten, 68, 69, 95, 122 – argus, Hamburg: 8 links, 40, 80 unten, 82, 83, 84, 85, 88, 89 oben, 90, 91 oben, 97 unten, 101 (2), 102, 103, 105, 108 oben, 112 oben, 115 oben, 118 (2), 124 oben, 133 (Harmut Schwarzbach), 50 (Mike Schröder) – Ralf Freyer, Freiburg: 22 unten, 25, 34, 35, 36, 124 Mitte rechts, 128 oben, 129 – Udo Haafke, Ratingen-Lintorf: 38, 39 unten, 43, 47, 49, 51, 54 Mitte, 56, 61 unten, 62, 63, 65 (2), 66 unten, 70 (2), 71, 72, 86, 94, 95, 100 unten, 108 Mitte, 110, 111, 120, 128 unten, 131 – Horst & Tina Herzig, Gross-Gerau: 9 oben links, 9 unten, 10 unten, 11 oben, 21 unten, 39 oben, 45 (2), 52, 73, 74, 75, 76, 77, 78, 79, 106, 112 unten, 123, 124 Mitte links, 127 oben, 135 – Huber, Garmisch-Partenkirchen: 6, 7 unten, 54 unten, 57, 59, 80 oben (R. Schmid), 7 oben, 24, 118 unten (Gräfenhain), 18, 99 (F. Damm) – IFA-Bilderteam, München: 117 (Thouvenin), 130 (Schösser), 107 – Volkmar E. Janicke, München: 11 unten, 96, 114, 115 unten, 121 – Laif, Köln: 20, 23, 26 unten, 31, 32, 33 (Zanetti), 58, 61 oben, 64 (Andreas Hub) – LOOK, München: 8 rechts, 16/17, 26 oben, 37, 46, 60, 89 unten, 93, 108 unten, 113, 132 (Max Galli), 28, 54 oben (Karl-Heinz Raach), 41 (Dressler) – Mauritius, Mittenwald: 19, 29 oben, 66 oben, 92 (Rossenbach) – Photo Press, Stockdorf/München: 9 oben rechts, 22 oben, 27, 30, 97 oben (Master), 10 oben, 42, 53, 87 oben, 119, 124 unten (Schlierbach), 116 (Drölle) – Ullstein Bild, Berlin: 15 unten – Vitra Design Museum, Basel/Berlin/Weil am Rhein: 87 unten (© Panton Design, Basel) – Ernst Wrba, Sulzbach/Taunus: 91 unten, 98, 100 oben, 127 unten